いつも結果を出す管理職が必ずやっている80のこと

市原義文

日経BP

はじめに

この本を手にしてくださったあなた、初めまして。

私はシャイン&コーという会社を経営している市原義文といいます。

この本を読んでくださっているということは、あなたは「管理職になった」、もしくは「管理職だけれど自信を持てない」「管理職の仕事に興味がある」のいずれかに当てはまるのだと思います。

管理職の仕事が難しく思える理由の一つに、「ほかの管理職がいったい何をしているのかがいまいち分からない」というものがあります。管理職がどんなときに、何をどうすればいいのか、実は誰も分かりやすく系統立てて教えてはくれません。「自分で何をすべきか考えなさい」「あなたの管理職スタイルを自力で模索しましょう」「私の背中を見なさい」など、さまざまな助言はあるのですが。

でも、この忙しい時代に「そんな悠長なことは言っていられない」と思いませんか？　この本には、これまで複数の会社に勤めて管理職や役員を何年もやってきた私が、世の管理職のみなさんを代表して「とりあえずこれをやっておけば大丈夫」という、管理職ならではのＴｏＤｏ80個をシーン別にまとめました。

ぜひすべてに目を通してほしいですが、「え、80もあるの？ そんなにできない!!」と思った方は28～34ページの「管理職が最低限すべき3つのこと」をまず頭に入れてください。

もう少し頑張れそうだという人は、目次ページで☆マークの付いた項目から優先して読むことをおすすめします。

そして「できるようになった」と思った項目は、数字の上にある四角にチェックを入れていってみてください。チェックの数が増えれば増えるほど、管理職としての自信がついていくはずです。

さて、私のことを少し知ってもらうために自己紹介をさせてください。私は

1990年に新卒で日産自動車に入社したあと、2000年1月には米国系大手コンサルティング企業に転職して約4年勤務。ローソンにヘッドハンティングされて約6年勤めて、合弁会社をつくり、その会社の代表取締役に就任しました。

東日本大震災の影響で会社を畳み、約8年間、プライベートエクイティファンドの投資先にマネジメントとして参画。3社で事業再生を手掛け、2020年4月に現在の会社を立ち上げました。

私が初めて課長職に就いたのは米国系大手コンサルティング企業に転職して2年目、33歳のときのこと。

そのあとも複数回の転職経験を重ねながら、次長、部長、本部長、執行役員、取締役などを経験して、一番多いときで約1100人の部下を持っていました。

現在の私の会社の事業内容を一言でいうと「マネジメント代行」です。あまり聞き慣れないかもしれませんね。

いわゆる経営コンサルタントは提案書を出すまでを仕事にしていますが、マネジメント代行は提案書の内容を実現するためにクライアント企業で役職をもらい、ある期間の中で成果を出していく仕事です。求められる成果を出し、クライアント企業が自ら課題を解決できるようになれば契約は終了。私は次のクライアント企業に移って新たな場所でマネジメントを代行する、という流れです。

私がこれまで携わってきたすべてのプロジェクトを通して言えることがあります。それは、**「その仕事に関わった社員が輝いたプロジェクトは間違いなく成功する」**ということ。

社名の「シャイン&コー」は、社員（シャイン）を輝かせる（shine《シャイン》）ために命を注ぎたいという思いで付けました。

実は、大きな失敗も経験しています。

私が携わった合弁会社はローソンを含めて大手企業3社からの出資を受け、ローソン店舗に設置されたデジタルサイネージを使って広告事業を運営する会社でした。

事業開始後、約1年が経過し、苦しいながらも単月黒字化が見えてきた2011年3月に東日本大震災が起きました。

この会社の主な収益源は広告料でしたが、節電や自粛の影響でデジタルサイネージに電源を入れることができず、収益を上げることができなくなってしまいました。

それでもなんとか事業再開を目指し、東京都の石原都知事（当時）と災害時の情報発信などで協業する協定を締結し、社会に役立つメディアになる段取りを付けたり、コンテンツ制作の受託をしたりと、事業の付加価値を高める取り組みを積極的に進めました。

そうやって手は尽くしたものの、最も大きな収益を望める広告営業再開にはまだ時間が必要でした。会社としてはその後数年間分の事業資金はありましたが、何度も株主と協議を重ねた結果、残念ながら事業を清算して解散することになりました。

この会社をつくるまでのローソンでの私のキャリアは、自分で言うのも何ですが、それなりに輝かしいものだったと思います。

でも、合弁会社を解散して社員としてローソンに戻ったとき、社内での私への風当たりは相当きついものでした。

それまでの私は若かったこともあり、また、苦労して経験を積んできたという自負もあり、ほかのメンバーにも自分と同じような努力をして結果を出すことを求めていました。

周りに対する要求レベルも高く、自分のやり方に付いてこられない部下を「結果が出せないのはやる気がないのか、それともやり方が分からないのか」と人前で叱責したことも……。

信頼できるどころか関わりたくもないリーダーだったと思います。

しかも「仕事はお互いにプロ意識を発揮してやるものだ」と思っていたので、そういう自分の振る舞いや考え方の何が悪いのかもまったく理解していませんでした。

そうして散々恨みと反感を買っていたであろうところに起こったのが先ほどの事業からの撤退でした。

「手のひら返しというのはまさにこのことか……」と思うほど、潮が引くように周りから人がいなくなりました。変な噂を立てられたり、社内の協力を得るのにも一苦労するようになったり——と、想像もしていなかったことが次々に起きました。

こうして手のひら返しを受ける立場になってみて、これまでの自分を振り返り

「一人で成果を出してきた」と思うことがいかに傲慢だったか、また人からの協力や支援がどれだけありがたく不可欠なものかを痛感しました。

そんなときですら、それまでと変わらず「仲間」であり続けてくれた何人かとは、今でもつながっています。

こうした苦い経験から、**人を大事にすることの大切さ**を理解したのです。

ローソン退職後もいくつかの会社の一員となり、アイデアを絞りながら新しい事業を立ち上げ、一定の成果を上げてきました。

確かに仕事ではアイデアや実行力が重要です。でも、それだけではダメです。成果を上げられる仕事の共通項は、その仕事が人(社員)を輝かせることができるか。それに尽きます。

この本は、そうした私のリアルな経験やさまざまな失敗から得た学びをベースに書きました。

この本に書かれていることを自分が新任課長のとき、もしくは課長に就任して数年以内に知っていれば、もっと違うキャリアを描けたかもしれないとも思います。

さて、今、日本では人材不足が加速し、育児や介護、リスキリングなどのさまざまな時間制約を抱えながら働く社員が増える中、その社員を管理する立場である管理職のあり方も大きな節目を迎えています。

多くの会社における経営層はいまだ古い固定観念に縛られている人が多く、長時間労働を前提とし、トップダウンで仕事を進める「管理職像」を捨てきれないでいますが、現場のリアリティーは目まぐるしいスピードで変化しています。

顧客や部下の価値観が多様化する中、日々の仕事を正確にこなしながらイノベーションを生み出していかなければならない管理職の肩には、これまで以上に大きな負荷がのしかかっています。

これから管理職になる人も、もう管理職になっている人も、ひとまずこの本を開いて必要な項目や気になるところから読んでみてください。

そうすることで部下にストレスなく働いてもらえ、上司にも喜ばれながら、自信を持って生産性高い毎日を送ることができるはずです。

私はこれまでのキャリア33年のうち、23年間を管理職または経営陣として過ごしてきました。

この本を執筆している今も、複数の企業のマネジメントとして従事し、さらにある小売業の取締役ＣＯＯ（最高執行責任者）として働くことが決まっています。

企業の現場で働きながら、役員以上の目線を持ちつつ、さまざまな管理職をつぶさに見ているからこそ書けるノウハウをすべて詰め込みました。

この本では、管理職の1つ目の階段である「課長」にフォーカスして話を進めていきます。

さて、あなたが既に課長ならば、課長に昇進することが決まった瞬間、どんな心持ちがしたでしょうか？　日本企業であれば、いろいろなしがらみの中、ようやく昇進にたどり着いたという人もいるでしょうし、外資系企業であれば、課長（＝マネジャー）は待遇面などが大きく変わる憧れのポジションである場合もあるでしょう。

「管理職なんてつらいだけ……」という声もちらほら聞こえますが、そんなことはないと私は声を大にして言いたい。その理由は追々話していきます。

とにかく、課長になるというのは誰もが上れる階段ではないのです。だからこそ、引き受けることを決めたら素直に喜び、自分を大いに褒めてあげてください。

しかしながら、褒めるのは一瞬です。

そのあと考えてほしいのは、課長という立場になってからの自分を想像して、今までとは何が変わるのか、これから何をすべきかについてです。今までは上司を批判していればよかった立場でしたが、これからは部下に批判される上司の立場になります。ゲームのルールが１８０度変わるのです。

部下と課長の一番の大きな違いは「指示される側」か「会社側として指示する側」か、です。この違いを本当の意味で実感できるのは課長になってからなのですが、まずは**自分が会社側に立った**ことを理解しましょう。

課長になってからのあなたは、入ってくるさまざまな情報を会社側の立場で受け取り、会社側として意思決定をしていかなくてはならないのです。

こんなことをいわれて、急に不安になってきたかもしれません。

しかし、あなたを課長として昇進を決めた会社側の人たちは、あなたが課長としての役割を担える人材であると判断したのです。ですから自信を持ってください。課長としてしっかりと結果を出すことができれば、次の昇進への意欲も湧いてくるかもしれません。

「課長になったばかりなのに、もう次の昇進の話？」と思いますか？

でも、よく考えてみてください。

会社側に立ったことで、これまでは遠い存在であった部長や本部長、さらにその上の人たちの仕事ぶりが見えるようになってきます。「自分もあの立場になって仕事をしてみたい」「会社のかじ取りに大きく貢献したい」と思うようになったとしても不思議ではありません。

組織の中では昇進すればするほど、仕事は楽しくなります。当然、責任が増え、プレッシャーに押しつぶされそうにもなることもありますが、要はそれをいかに楽しめるかです。

部長の楽しさも、本部長の楽しさも、実際にその立場になってみないと分かりません。だからこそあなたには昇進の意欲を持ち続けてほしいと思います。

課長になると部下ができます（部下を持たない場合もあります）。部下を持つこともこれまでとの大きな違いの一つです。部下を持つことで確かに仕事は増えますが、部下の存在によって、一人ではできなかった仕事を組織で動かす面白さを知ることになるでしょう。

課長になってすぐには上司としての役割を十分に果たせなくても、上司の立場を理解し、その役割を果たそうと努力し続ければ、必ず素晴らしい上司になれるはずです。

また、部下がいない課長であっても、課長であることに変わりはありません。求められるミッションに対し、課長として結果を出すことです。きっといつか部下がやってくる日が来ます。そのときにすべきことは、今からでも準備できます。同僚や上司、他部署の人々とどのように関わり、どう振る舞うべきかを考えておいてほしいのです。

さて、次ページからは、私の手の内を全部明かしたこの本の目次をご覧くださ い。1つ目のToDoから順番に取り掛かるもよし、「今、私はまさにこのシーンに直面している！」という方はそのシーンのページから目を通すもよし。必要に応じてどんどんご活用ください。

また、私がよく聞く**管理職の4つの壁「部下のやる気を引き出すのが難しい」「上からのプレッシャーがつらい」「責任は重いが給料は上がらない」「仕事が終わらない」に応えるページも目次に示しました。**

あなたがこれから管理職として歩む旅路のお守りとして、この本を役立ててください。応援しています。

時間がないというあなたは、☆マークのある項目から先にお読みください。

Contents

シーン 2

着任が決まった
会社での自分の立ち位置を確認する

シーン3

着任前後の準備を始める

第一印象を大切に 信頼関係構築はじっくりと

シーン 4
通常業務を回す
地味な作業をコツコツ続けて、自分を磨く

シーン 5

「部下のやる気を引き出すのが難しい！」を解決

部下と仕事を進める

部下にどんどん仕事を振り、育てる

シーン 6

人事評価をする

部下を感動させるほど、しっかり見て評価する

シーン7

業績が上がったとき、落ち込んだとき

再現させる工夫、再現させない工夫

シーン8

上司に提案する

自分というより、上司を会社に貢献させる

シーン 9

トラブル予防&対応

現状を把握し、すべき謝罪は全力で

シーン 10

ハラスメントとメンタルヘルス対応

状況別の対応方法

ビジネスにおいて何より大切なのは「信頼」

管理職が最低限すべき3つのこと

1
上司に対しても部下に対しても「対話は頻度」を心掛ける

2
上司からだけでなく、部下からの依頼にもスピーディーに対応する

3
信頼関係を築くための努力を怠らない

私が「管理職が最低限すべきこと」だと思っているものは、右の3つです。

この本には80個のToDoを載せていますが、いきなり全部やるのは大変ですよね。とにかくまずは、この3つだけ頭に入れてください。

さて、なぜこの3つが大切なのでしょうか。

それは、**ビジネスにおいて最も大切なものが「信頼」**だからです。

信頼はあらゆる場面でベースになります。

会社と会社という対外的な関係だけではなく、上司と部下という社内における関係においても同じことです。

あなたは「管理職」にはなりました（これから管理職になる方もいると思いますが）。でも、まだ「管理職になった」、それだけです。

たとえ上司になったからといって、部下が黙ってついてきてくれるわけではありません。上司と部下という関係を成り立たせるためには、その根底にベースとなる「信頼関係」が必要なのです。

信頼関係さえ構築できてしまえば、多少のトラブルが起きても、多くの場合何とかなります。

冒頭の3つはその信頼関係を築くためのポイントです。

では、この3つについてもう少し詳しく説明していきます。

まず、1つ目は**「上司に対しても部下に対しても『対話は頻度』を心掛ける」**。

ここで「あれ？ 一度の対話に長い時間を掛けて、部下とじっくり向き合ったほうがいいのでは？」と感じる方もいるかもしれません。

しかし、そうではないのです。

週に1回1時間ミーティングをするよりも、毎日5分。1週間分を合わせてもたった25分でも、毎日話したほうが信頼関係の構築には有効です。たまに話し掛けてくれる人よりも、毎日話し掛けてくれる人に親近感を持つというのは、実感としてお分かりではないでしょうか。

私は新しく管理職に就任したときだけでなく、新しい部署に異動したり、新規プロジェクトを立ち上げたりするときには、意識してメンバーに声を掛けるようにしています。

最初のうちは「信頼関係を醸成する」という意味合いが強いのですが、ある程度信頼関係ができたあとにも、この高頻度の声掛けが効果を発揮します。

ふと足を止めて声を掛けるだけで、部下の表情や態度の変化から何か問題や課題を抱えていることに気付く場合もありますし、逆に声を掛けたタイミングで部下から相談や進捗報告などをされることもあります。

わざわざ会議を開かなくても分かることがたくさんあり、仰々しい会議だと言いにくいことも、ちょっとした声掛けがきっかけで気さくに話してもらえるようになるのです。

また、少々面倒かもしれませんが、日常的な対話に加えて、私は部下の誕生日に誕生日カードを手書きで書いて渡すこともあります。

仕事での感謝の言葉などを伝えるもので（もちろん個人的なことは書きません）、こうしたきっかけで部下との双方向のコミュニケーションが生まれます。

時間や手間、カード代など多少のコストはかかりますが、対話を生むには十分な効果があります。

「対話は頻度」。ぜひ実践してみてください。

2つ目は**「上司からだけでなく、部下からの依頼にもスピーディーに対応する」**。

「上司からの依頼ならば分かるけど、部下からの依頼にも？」と思った方がいるかもしれませんね。

ここで意識してほしいことは、上司と部下を縦、かつ一方通行の関係として捉えるのではなく、**「パートナー」という横、かつ双方向の関係性**で捉えることです。

確かにあなたは上司です。

あなたのほうが優れていることもあるでしょう。

でも、すべての面において部下より優れているわけでもなければ、部下より多くを知っているわけでもありません。

ですから部下に対してもリスペクトの気持ちを忘れずに、むしろパートナーである部下からの依頼にこそスピーディーに対応することで、いい信頼関係を構築することができます。

そうすれば、あなたが困ったときに、部下にあなたへのサポートを最優先にしてもらえる確率が上がります。

3つ目は**「信頼関係を築くための努力を怠らない」**。組織として仕事をうまく回していくためには、信頼の構築が第一であると肝に銘じてください。

具体的には「時間を守ること」や「部下を適正に評価するために努力すること」などが挙げられます。

信頼関係をつくり、それを維持、発展させるための努力を続けることが、課長としてのあなたの仕事に好循環をもたらします。

12シーン別・実践マニュアル

シーン 1

課長への昇進を打診された

自分を知ることがすべての始まり

1 冷静に考える

ここでは最初に、まだ課長に就任していないという方に質問してみたいと思います。

もしあなたが上司から「そろそろあなたに課長に昇進してもらおうと思ってい

る」「昇格試験を受けてほしい」と言われたらどうしますか？

もう心の準備はできている、入社以来ずっとこの日が来るのを待っていた、という方には「はい、ぜひともやらせていただきます」と元気よく答えてほしいところです。

そう答えるにせよ、断るにせよ（断ろうとしている方がこの本を読んでいるかどうかは別として）、日頃からキャリアについて「こうしていきたい」という自分なりの考えを持っておくことをおすすめします。

その場で即答せず、一晩冷静に考えるというのも決して悪いことではありません。

「少し考えたい」という気持ちがわずかでもあるなら、「尻込みしていると思われるだろうか」と躊躇《ちゅうちょ》する必要はまったくなく、「ありがとうございます。しっかり考えて返答しますので、少しだけ時間をください」と伝えて、家族や周りの人に相談してみましょう。

2 自分の「強み」を知る

「ジョハリの窓」というフレームワークを知っているでしょうか？

米国の心理学者が発案したもので、自分と他人の認識のズレを理解して、自己分析をするときに使うツールです。

人は誰しも「自分のことを最も理解しているのは自分」と思いがちです。

ジョハリの窓によると「①自分も他人も分かっている自分」「②自分は分かっているが、他人は分かっていない自分」「③他人は分かっているが、自分は分かっていない自分」、そして「④自分も他人も分かっていない自分」という、4つの「自分」があります。自己分析においては、特に③と④が重要です。

「自分の強みはこれだ」と思っていたものが周りからしたら全然違う、あるいは、

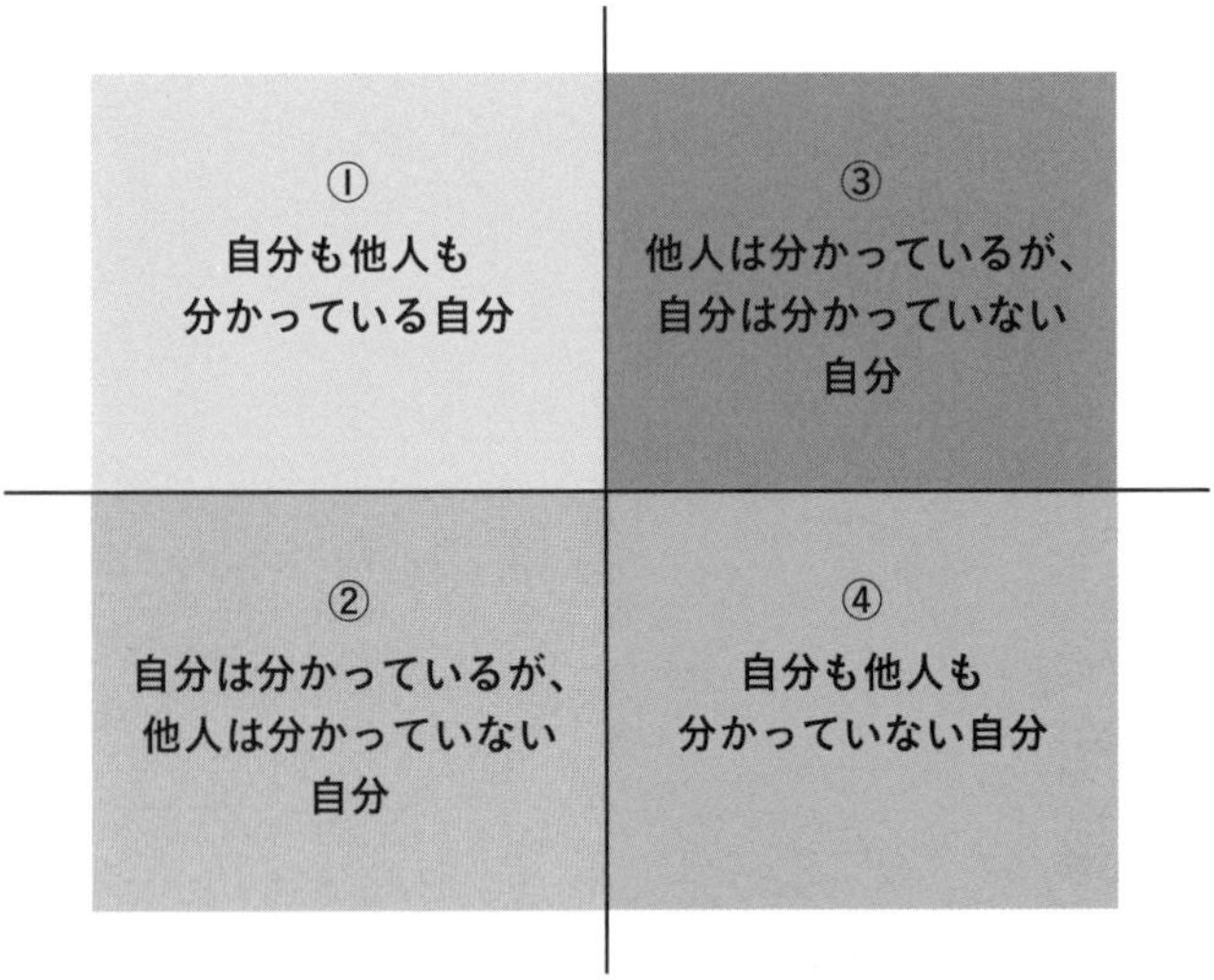

ジョハリの窓

①と②を自分で考えて書いてみましょう。③は他人と話してみなければなかなか分かりません。④はなおさらです。「自分」を理解すればするほど管理職の仕事はしやすくなります。自分に向き合い、自分への理解を深めていきましょう。

微妙に違っているということは少なくありません。

例えば「私の強みは論理的思考力だ」と思っていたのに、「あなたは少し抜けているところがいいんだよ」「絵を使って人に物事を説明するのがうまいよね」と言われることだってあるでしょう。

また、一昔前であれば、弱みがあった場合は、弱みを埋める努力をすべきだといわれていましたが、今は時代が変わり、そこまで強みを邪魔しないものであれば弱みは気にせずに強みを伸ばしたほうがいいといわれるようになっています。

自分の強みが分からない場合は「私の強みって何ですか？」と上司や先輩、仲のいい取引先に聞いてみることをおすすめします。

このとき、相手から意外な答えが返ってきても「なんだよ、それ！」と反論せず、「え、それは意外です。どうしてですかね？」と聞いてみてください。自分でも知らなかったあなたの強みを教えてもらえる可能性があります。

他人から「強み」だと思われているものがあなたとって意外なものであればあるほど、それは大きな武器になります。自分ではまったく意識していないのに人から評価されるポイントですから、お得以外の何物でもありません。

他者から評価される意外な長所は、自分としてはさほど苦労せずに結果を出せる能力であるということ。

その強みを最大限に生かしつつ、会社に貢献する方法を具体的に考えて文章にまとめてみてください。

一人で「ああでもない、こうでもない」と考えるプロセスも大事なのでひと通り考え尽くしておくべきですが、独りよがりにならないよう、こうして第三者の意見を聞くことが大切です。

3 自分のタイプを知る

管理職と一口でいっても「クリエイティブが得意なタイプ」「管理が得意なタイプ」など、得意分野はさまざまです。

あなたはどういうタイプでしょう。

クリエイティブ派と管理派は、どちらかに「0%か、100%か」で偏っていることはあまりなく、グラデーションであることが多いです。人によってこのバランスは異なりますが、自分のタイプを知ることで自分らしいリーダーシップを探る際の参考にできます。

さて、ここで「管理」という言葉について考えてみます。

管理職が行うべき「管理」とは、どういうことを指すのでしょうか。

これを理解するには、会社において「部署」が何のために存在しているのかという理由から考える必要があります。

会社ではまず経営陣が会社全体の方向性を検討して、例えば「どのくらいの売り上げを目指すか」「どのくらいの市場シェアを目指すか」といった経営方針を打ち出します。

そして本部や部などが、その経営方針を実現するために何をすべきかを考えるのです。既存の組織だけで経営方針を実現することが難しい場合は、新しい組織をつくることもあるでしょうし、役目を終えた組織をなくすこともあるでしょう。

本部や部の方針が決まったら、いよいよ課の仕事を決める段階に入ります。

本部や部の下には複数の課がある場合が多く、課の仕事は、すべて本部や部の方針にとって必要なことでなくてはなりません。複数の課がそれぞれの仕事をうまく遂行できれば、その課をまとめる本部や部としての「やるべきこと」を実現できるというわけです。
つまり**課の仕事は、部が目指す方向に向かっていくためのものでなくてはなりません。**

管理職が行うべき**「管理」とは、課がやっていることが会社や部が示す方向性から大きく逸脱しないために「コントロール」すること**を意味します。

例えば、部が経費を削って部門全体の生産性を上げようとしているときに、経費をどんどん使って新しいことを始めようとする部下が自分の課にいたら、それは方向性が異なりますから、指摘して経費削減の方向に向かわせなければなりません。

一方で、そのような環境下でも経費削減一辺倒ではなく、全社の方針に沿っているのなら、「生産性を上げるためには、多少の経費を使う必要はある」と判断すべき場合もあります。

このように課長は、部下の動きをある程度の振れ幅の中に収める必要があるのです。部下の一挙手一投足を「管理」するのではなく、会社や部の方向性と自分の部下の振る舞いを合致させるというイメージです。それが勤怠管理、進捗管理、リスク管理などを行う主な目的です。

さて、クリエイティブ派の人であれば、部署の方向性を示すことは得意なはずです。会社や部の方針に合わせて、課がどういう方向に向かっていくべきなのか、何をしていくべきなのかを明確に打ち出してください。

このとき可能であれば、売り上げや利益といった数値目標を掲げましょう。

数値目標を掲げるのが難しい人事や経理などバックオフィス系の課の場合は、「自部署比」というキーワードを使って目標を設定することをおすすめします。

例えば、生産性を自部署比（例えば昨年と比べたり、過去3年間の平均と比べたりするなど）で「○○％向上させる」とか、「△△日削減する」といったイメージです。

また、新たな取り組みを始めることを目標にしてもいいでしょう。「部下全員が月に1日は自分時間として自由に新しい企画を考える日を設ける。その実現のために□□を実施する」などが一例です。

一方、クリエイティブは得意だけれど、管理は不得意という人もいるでしょう。そういう人が課長になった場合、課のすべての判断を課長自身が担えないことも考えられます。そんなときは、できるだけ部下が自分で物事を判断できる環境やヒントを与えるようにしてみてください。

例えば管理用のフォーマットを用意して、そのフォーマットに従って部下がそれぞれの仕事を管理できるようにし、週次会議で各部下に担当業務の報告をしてもらったり、部下にやってほしい仕事のヒントになりそうな情報を与えて自由に考えてもらったりするのです。

管理派の人は、文字通り管理能力に優れています。課の方向性を示すことは苦手かもしれませんが、上司からすべきことを明示されている場合は、その方向性に従って正確に業務をこなすことができるでしょう。

管理に必要なことを察知したり、タスクを洗い出したり、スケジュールを管理し

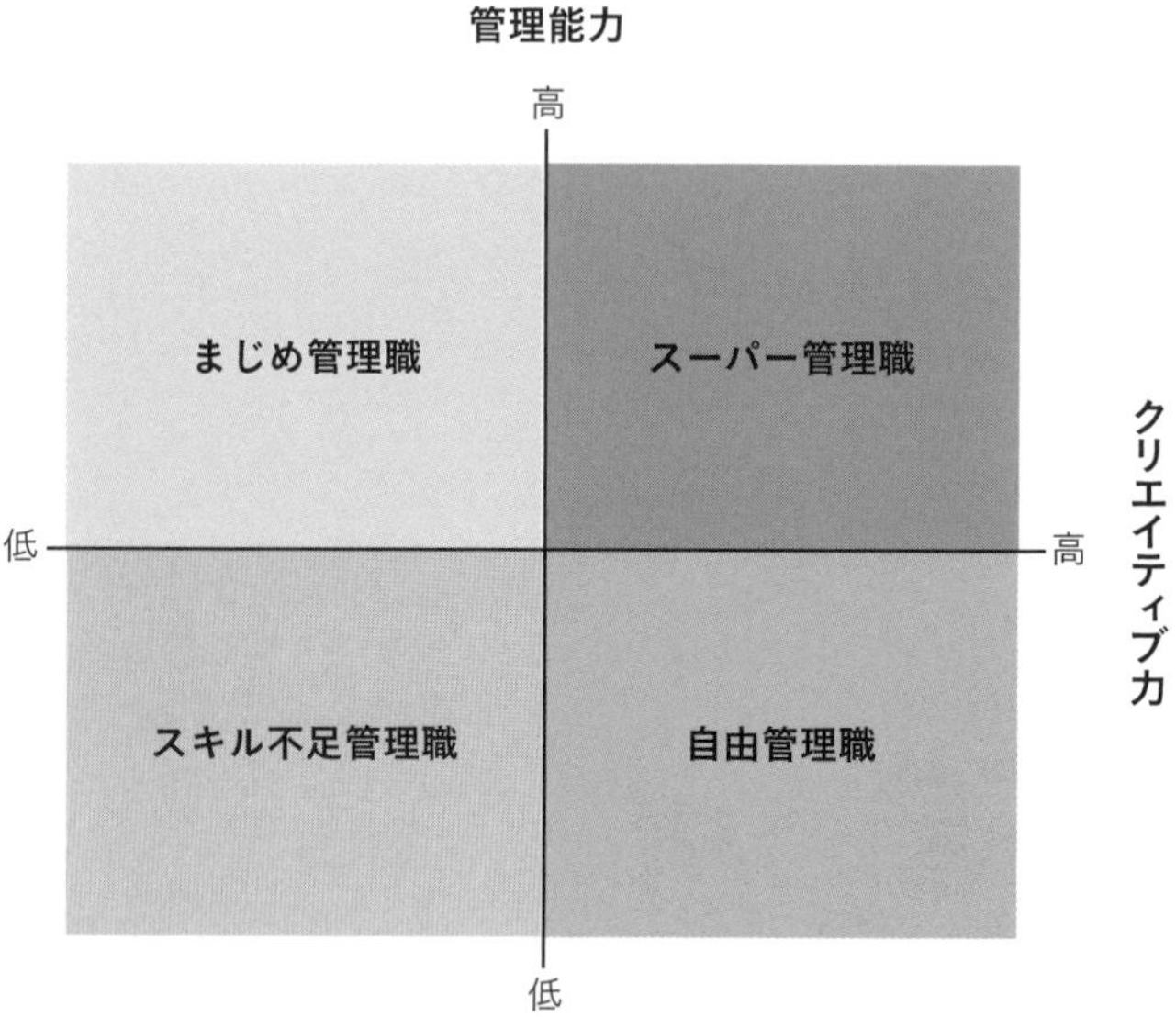

管理職タイプ
「管理が得意か？」「クリエイティブが得意か？」

管理派かクリエイティブ派かは、グラデーションです。同じ人でもチームやメンバー、状況によって発揮できる能力が異なる場合もあります。自分がどのタイプに当てはまるか、どうすれば自分らしさを最も効果的に発揮できるか、考えてみましょう。

たりすることは得意なはずです。その半面、具体策を検討したり、新しい企画を立ち上げたりすることは不得意な場合があるでしょう。自分が苦手なことに目を向けるよりも、自分よりそれらを得意とする人たちに目を向け、どうやってその人たちを巻き込むかを考えることをおすすめします。

ではここで、クリエイティブ派か、管理派か――自分がどちらのタイプのリーダーかを考えてみましょう。管理能力を縦軸、クリエイティブ力を横軸にして4象限であなたのタイプをプロットしてみてください（次ページの図を参照）。

自分がどのタイプに当てはまるか分からない人もいるかもしれませんので、いくつかヒントになる質問を挙げますね。次の4つの質問を読み、自分に当てはまるものに「〇」を付けてみてください。

❶子どもの頃、ゲームをするときにはルールに従順だった
❷子どもの頃、ゲームをするときには何かやり方を変えるなど独自のルールをつくっていた
❸何かをやるときは、手順通りにやることを意識している
❹何かをやるときは、少しでも面白くなることを考えている

❶と❸に「○」を付けた人は管理派の傾向が強く、❷と❹に「○」を付けた人はクリエイティブ派の傾向が強いです。
両方のタイプに該当するという人もいるかもしれませんが、その場合は、あえていうならば、どちらの傾向が強いかを考えてみてください。傾向というのはグラデーションなので、あくまで相対的にどの傾向が強いかが分かればいいのです。

目的はあくまでもあなた自身のタイプを知ることです。

クリエイティブと管理の両方のスキルを持つ第1象限は「スーパー管理職」、クリエイティブのスキルが低く、管理のスキルが高い第2象限は「まじめ管理職」、どちらのスキルも低い第3象限は「スキル不足管理職」、そして第4象限はクリエイティブのスキルだけが高い「自由管理職」です。

では、それぞれのタイプを詳しく見ていきましょう。

「スーパー管理職」は「よくできる上司」と周りから評価される半面、自信過剰になりやすく、部下との関係がアンバランスになることがもあるかもしれません。自分と部下の能力のギャップを理解し、部下に寄り添えるかどうかが重要になります。

「まじめ管理職」は管理能力に優れているので、課題や進捗などの管理をどんどん進めていきましょう。前述した通り、具体策の検討や企画立案をする際は、それらを得意とする人たちを巻き込むとうまくいきます。

「スキル不足管理職」は、クリエイティブ力と管理能力がどちらも高くありません。

年功序列的な仕組みや、過去の経験や資格によってポイントが付与され、ある程度ポイントがたまったことで自動的に管理職になれるといった人事制度に基づいて管理職になった場合に、このタイプになってしまうことがあります。会社の人事制度なので仕方がありませんが、人によっては「管理職のくせに何も仕事をしない」など部下から批判される可能性もあります。この場合、スキル向上に努める必要があります。

「自由管理職」は、ポジションが上がり、自由な発想を遺憾なく発揮して結果を出せる可能性はありますが、その一方で管理能力に乏しく、組織やチームの力を発揮させられず、思ったような成果を出せない場合もあります。

苦手であっても、ある程度の管理スキルを身に付けたほうが、チーム全体として仕事を進めやすくなるでしょう。

4 他者からのフィードバックを受け入れる

「2 自分の『強み』を知る」では、「ジョハリの窓」について説明しました。ここで紹介した「他人が知っていて自分は知らない自分」こそ、部下や上司が見ているあなたです。

その「自分」を知るために、周囲の人から自分へのフィードバックを積極的に求めましょう。やはり、自分というのは自分ではあまり分からないものなのです。

その際、人からのフィードバックにいちいちショックを受けないように心づもりをしておきましょう。想定外のことや言われたくないことを言われて傷付くかもしれませんが、否定されたとは感じないでください。

かくいう私も、かつて想定外のフィードバックにショックを受けたことがあります。とある部下から「市原さんって、自分が大好きですよね」と言われたのです。

「そんなにショックを受けること？」と思われるかもしれませんが、自分ではそれなりに周りに気を使い、相手を尊重し、傾聴などを心掛けていたつもりでした。それが、部下からしたら私という人間は、自分のことばかりよく話す「自分大好き人間」に見えていたわけです。自己認識と相当ギャップがあり、かなりショックでした。

30代後半のことでしたが、その日を境にできるだけ自分の行動や言動を客観視するように意識し始めました。

しかし、簡単に長年積み上げてきた自分をすぐに変えることはできません。

私が少し変わることができたと実感したのは、40代も半ばぐらいになってからのことです。

こんなふうに、自分のことは自分では分からないですし、変わろうと思ってもなかなか変われないもの。それでも、他者からの指摘をきっかけに自分を客観視し続けることで（私の場合、5年以上かかりましたが）少しずつ自分を変えることはできます。

シーン2 着任が決まった 会社の中の自分の立ち位置を確認する

5 上司を確認し、最初のあいさつに行く

これから新たに上司になる人こそが、あなたの今後の仕事を大きく左右する、一番大事なキーパーソンです。 新しい上司は誰かを確認してあいさつに行きましょう。

既によく知っている相手だったとしても、このあいさつをはしょることは禁物で

す。自分が課の一メンバーだったときと違って、管理職になったあなたに対しては、これまでとは接し方が変わってくるはずですから。

自分からあいさつに行くことで好感度を上げられるだけでなく、仕事にまつわる考え方や心得など、今後の課長としての有益な情報を授けてもらえる可能性があります。

加えて、この上司に関する情報を各所から集めて、上司の得意・不得意や、今、仕事上で関心のある事項を把握しておくこともおすすめします。

ただし、あからさまに振る舞いすぎると、変なやっかみや不信感を周りに抱かせることになりかねませんので、節度を持った行動を心掛けましょう。

6 前任者を知る

自分の前にその課長職を担っていた人を知りましょう。チャンスがあれば会って話をしてみたいところです。

課長としての仕事が本格化してから分からないことに直面して相談したいと思う場面が来るかもしれません。特に前任者が栄転している場合には、いい情報を得られる可能性があります。

しかし、前任者が幸福な異動をしていない場合は、直接話すことで何かネガティブなインプットがあるかもしれません。でも、もしそんなことがあっても気にしないこと。これからあなたが新しい「課」の文化をつくっていけばいいのですから。

7 会社の経営方針を読む

次にやってほしいのは、会社の経営方針を読んで、自分なりに理解してみることです。会社の方針は企業サイトやイントラネットに掲載されているはずです。

勤務先が子会社の場合は、親会社の経営方針にも目を通しておいたほうがいいでしょう。

また、自社の社長（子会社の場合は親会社の社長も含めて）が最近、公式の場で話した内容をチェックしておくこともおすすめします。課長として信頼を得るためには**自分の行動を会社の方針と合致させることが最低限必要**だからです。

課長になると、一メンバーだったときよりも少し先を見据えて動くことが求められます。

目の前の業務だけでなく、例えば「今年これを達成したら、来年はどうするんだっけ」と1年後ぐらいを見据えておくイメージです。

課長は「来年これをやろうと思ったら、今年は何をやっておく必要があるな」と考えるべきで、それを考えるためには会社が今どこに向かっているのかを知る必要があります。

会社の方向性に関心を持つと「社長が言っているこれって、来年の話だな」「親会社はこういうことを言っているな。これはうちの会社にも影響があるのかな」など思考をめぐらせることができ、見方が変わってきます。一メンバー時代には社長の話を聞いて理解できないことがあったかもしれませんが、課長的な思考が身に付いてくると、社長の発言の意味が少しずつ分かるようになるでしょう。

8 一メンバーと課長の仕事は「まったく別物」と心得る

あなたが部下として優秀だったから「課長になってほしい」という声が掛かったのです。それは紛れもない事実です。でも、**課長の仕事が「部下として行っていた仕事の延長線上にある」とは決して考えないでください。**

確かに、最近は課長のあり方も一昔前とは少し変わってきています。

以前は「課長」は課の長であって、「管理」が主な職務であり、プレイヤーの仕事とは決別することが是とされてきました。

その頃と比べれば、今は人材不足や評価制度の変化などの背景があり、プレイヤーの仕事も並行して行う課長が増えているように感じます。これはいわゆる「プレイングマネジャー」ですが、そうであったとしても、やはり「一メンバーと課長は違う」ということを肝に銘じるべきです。

一メンバーと課長の一番大きな違いは、課長が「会社を経営する側に立つポジションである」ということ。

この意味を本当に理解できるのは実は課長になってからなのですが、この違いを理解しないことには課長の仕事は始まりません。

例えば一メンバーだったときには、会社側から「○×の研修を受けるように」「無駄な経費は削減するように」などと言われると、「こんなに忙しいのにまた研修？面倒くさいな」「これ以上、どうやって経費を削れというのだろう」と反発を感じることがあったかもしれません。

でも、これからはそうした反応とは決別する必要があります。

課長になった以上は経営層の意図を汲んで、部下が納得するように説明できなければいけません。

もし、課長として経営層からの指示に納得できず、意見（文句ではない）があるのであれば、理路整然と改善案を出すべきなのです。

もう一度言いますが、あなたは部下としての仕事が高く評価されたからこそ課長になったわけです。

でも、舞台が変われば踊り方も変えなくてはなりません。

社内からは「課長になったんだね」という激励の言葉を受ける一方、「お手並み拝見」という視線であなたを見ている人がいることも少しは意識しておいたほうがいいでしょう。慌てたり、怖がったりする必要はありません。この本に書かれていることを1つずつ実践していけば、立派な課長になれるのでご安心を。

9 担当する課の存在意義を理解する

では実際に上司から「来期からA部、B課の課長になってほしい」と言われたら、何をすればいいのでしょうか。

まずは、**A部とB課の存在意義から理解する**ことをおすすめします。

「え、そこから？」と思わないでください。

たとえB課のメンバーから、同じB課の課長に昇格したとしても同様です。「自分はB課出身だからB課のことはよく分かっている」と勘違いしないでほしいのです。

担当者としての視座や視点ではなく、今度は課長として、会社の中でA部やB課がなぜ存在しているのかを考えてみましょう。

その課にはどんな歴史があるのか、その課はいつ誰がどうやって立ち上げたのか、会社の中でその課に求められている役割は何かなどを把握すること。それらの情報が、これからのあなたの仕事のベースになります。

これらを知るためにすべきなのが、**社内外のキーパーソンにあいさつに行く**こと。

「このたびB課の課長になりました。つきましては、この課について知っていることを教えていただけませんでしょうか」

こう言われて悪く思う人はいないはずです。

相手が管理職である場合、不思議なことに、あなたが課長という管理職になったことで「自分と同じ管理職という世界に来た」と歓迎してくれる先輩は多いでしょう。

もちろんライバルと思われる可能性も否定できませんが、同じ管理職という仲間になったというだけで、これまではあまり話ができなかった多くの管理職たちとも対等に話せ、これまで以上に情報を提供してもらえることができるようになるはずです。

10 担当する課が提供する付加価値を知る

次に、その部署の仕事内容や手掛けている商品、サービスを、できる範囲で調べてみてください。**「どんな付加価値を社内外に提供しているか」**というポイントを把握するのです。

「付加価値」とは、お客様に期待されている価値を指します。

お客様と言われると、自社の商品やサービスを購入してくれる人たちのことを思い浮かべるかもしれませんが、決してそれにとどまりません。

実は社内にも、お客様はたくさん存在します。

あなたの課の仕事の結果を受けて仕事をする人たち、その人たちも大事なお客様です。

私はよく**「後工程はお客様」**といっています。

これは私がつくった言葉ではなく、自動車メーカーにいたときに先輩から教えられたものです。

製造工程では、前工程の人たちが適当な仕事をしていると、次の工程の仕事がうまく運ばなくなります。

つまり、自分たちの工程が適当な結果しか出していなければ、後工程の人たちが苦労するのです。

これは製造工程の話にとどまりません。例えば商品開発部門がいいかげんで、売れる商品を開発できていなければ営業部門が苦労しますし、営業部門の請求処理や経費処理に間違いがあれば、経理部門が尻拭いをしなければならなくなります。このように、社内にもお客様が多数存在することを理解し、自分の課が「後工程のお客様」にどんな付加価値を提供しているのかを知ることが重要です。いいかげんな仕事をしていると、逆にマイナスの付加価値を生むことになります。

11 仕事の拠点を確認する

今はフリーアドレス制だったり、在宅勤務がメーンになったりで、オフィスに課の拠点がない場合があるかもしれません。でも、公式な拠点はなくても「B課の社員は何階のこの辺りに固まって座っていることが多い」とか、「キーパーソンは大抵あの壁際の席にいる」といった傾向があるかもしれません。

拠点がある場合はそこに足を運んでみましょう。

このとき、周りにどんな部署の人が働いているのかもチェックすること。いつお世話になるか分かりません。

オンラインでのコミュニケーションが多くなった今だからこそ、リアルな接点を持つことのメリットは大きいはずです。

12 課のミッションを考える

実は今後「あなたのミッションはこれだ」と、上司から分かりやすく言われることのほうが少ないと思います。

私自身も上司から明確にミッションを説明されたことはほとんどありません。

上司から業務上、必要な指示はあったとしても、**課のミッションは自分で考えたほうがいい**と思います。そのほうが仕事を「自分事」にできるからです。

上司から与えられたミッションではどこかひとごとになってしまいます。自分で考え、自分の言葉にすることで実効性を高めるのです。

では、課のミッションはどうやって考えればいいのでしょう。

私は会社の経営戦略や、社長や鍵を握る役員、経営企画室のメンバーなどが最近よく口にするキーワードをヒントに考えることをおすすめします。

できるだけ自分やチームメンバーの強みを生かせる方向に寄せながら、何をすべきかを具体的に考えてみてください。

そうやって自分で考えたうえで上司にも意見を聞いてみましょう。

そのときに何か具体的なミッションを提示されたらそれを心得るべきですし、もし特に何も言われなければ「私はこういうことをやっていこうと思っています。現状ではこういう課題があります」と伝えてみたほうがいいです。

これが自分の身を守ることにもつながります。

上司から具体性に欠ける曖昧なオーダーを出されたからといって、理解が曖昧なまま仕事をしていたら、「あの課長は私の意図を理解していない」と、（具体的な指示をしていない自分のことは棚に上げて）評価を下げられてしまうかもしれません。

だからそうなる前に「私はこれをやろうと思っています。それでいいですか？」と上司の合意を得て、そのミッションの実現に注力したほうが結果的に自分のやりたい仕事をしやすくなりますし、それを達成できたら「やるべきことをできる人」と評価してもらえることになります。

もし後日、当初合意したミッション以外の業務を指示されたら、「従来のミッション遂行に加えて、その新しい仕事をする必要があるということですね」と確認できますし、仮に追加された仕事ができなかったとしても「従来のミッションを優先して遂行していた」と言えば理由が立ちます。

当初からのミッションの遂行が大変で、追加業務の実行が難しそうであれば、

「新たに言われたミッションと、元からあるミッション、どちらの優先順位が高いでしょうか？」と聞くこともできます。「新しいミッションを優先せよ」と言われたら「であれば本来の業務をいったん止めます」と言えばいいのです。

13 上司（部長）と日常的に対話する

人手不足が叫ばれて久しいです。

人手不足は残業代の増加や労働環境の悪化という経営問題に直結します。その結果、現場を取り仕切っている課長たちにそのしわ寄せが来ているのが現実でしょう。


管理職の残業時間が増える原因は多岐にわたります。業務量が多い、体制に問題がある、部下のスキルが不足しているなど、さまざまです。

突発的な問題に対処するために一時的に残業が増えるのは仕方ありませんが、人が足りない、体制を改善する必要があるといった、課長一人では解決できない場合は、上司に相談するしかありません。

こういうときは**率直に部長に相談**してみましょう。

ただし、社内政治が不得意で、人事にたけていない人が上司である場合には、さらに上の役職の上司に相談するなどの荒業も考慮に入れるべきです。

そう言われても実際には上下関係が非常に厳しく、直属の上司を飛ばして相談するなど到底できないと思う場合もあるでしょう。それでも私は、無理を承知で挑戦してみてほしいと思っています。

ほかの課の課長や他部署の中に相談できる人がいれば、当たってみるのもいいでしょう。このときの注意点としては、その場合、あなたの課とは関係ない人たちに相談することになるため、客観的なアドバイスをもらえる半面、無責任とまでは言いませんが、利害関係がない前提でのアドバイスになるということは理解しておくべきです。

また、**問題が発生したときにだけ、上司と話すのではもったいない**です。

多少面倒に感じても、部長やその上の階層との対話を増やすことは大変有益です。そうした対話を通じて、課の問題だけでなく、部や本部、会社全体に対する理解を深めることもでき、その結果、無駄な仕事を削減できます。

基本的に課長は部長の指示で動きますが、その指示の「真意」を理解できていないと、せっかくやった仕事の結果が部長の期待にそぐわず、手戻りが発生することがあります。

これははっきり言って時間の無駄です。

上司との対話を増やすことで、真意を深く理解し、無駄な仕事を減らして、必要な仕事に向かう自分の時間を確保しましょう。

14 周りの部署のキーパーソンと話し、どんな人か探る

自分が担当する課の近辺を中心に、ほかの部や課の課長レベルの社員にもあいさつに行きましょう。

「今度、B課の課長になります、よろしくお願いします」と話し掛けてみるのがおすすめです。

一メンバーだったときから知っている相手だったとしても、その延長で関係性を考えないでください。課長になった自分に対する相手からの見方も変わるでしょうし、相手に自分がどういう影響を与えることになるかを改めて知る機会にもなります。

周りの人との関係性はすべて仕事に反映されると心得ましょう。

自部署の結果を出すためには、他部署との連携を深めることが必要です。

また、自部署の後工程を担う他部署は、自部署にとっては「お客様」です。

一メンバーのときは自分から見える範囲は狭いものですが、課長になると見える範囲も、見なくてはならない範囲も広がります。

周りの部署のキーパーソンに「仕事を遂行するうえで必要な人物だ」と思っても

らうことも大切です。気が合いそうなら一緒にランチに行ってみるのもいいでしょう。

「この人は味方になってくれそうだ」「この人は△△に詳しい」など、気付いたことがあれば覚えておくといいです。

逆に「この人は要注意」と感じる人もいるかもしれません。そうしたことも含めて、感じたことをしっかり記憶しておくべきです。それが後々役に立ちます。

「後工程はお客様」の視点を忘れずに、他部署との連携を深めるきっかけをつくっていきましょう。

12シーン別・実践マニュアル

シーン3

着任前後の準備を始める

第一印象を大切に
信頼関係構築はじっくりと

15 最高の投資「あいさつ」をする

あなたが課長に就任した職場には、いろいろな考え方やスタンス、状況の人たちがいるはずです。たまたま同じ課に集まっただけで、各人の気持ちや状態は基本的にばらばらです。

あなたが新任の課長としてすべきことは何でしょうか？

それは、**あいさつ**です。

「そんな当たり前すぎること……」と思うかもしれません。

でも、やっぱりあいさつは有効です。

「おはようございます」「おつかれさまです」「昨日のトラブルはどうなりましたか？」など。

あいさつの内容よりも、あいさつするという行為のほうが大事といっても過言ではありません。

部下や部署のメンバー全員に自分から声を掛けるというアクションは、簡単そうに見えて、実は心掛けないとなかなかできないこと。

自分からあいさつをすると、相手は「この人は自分を気に掛けてくれた」と実感し、親近感を抱いたり、聞く耳を持とうというレセプター（受容体）を開いたりしてくれます。

着任したばかりの新人課長にとって素晴らしい効果を簡単に得られる効率的な投資です。

あいさつには職場の心理的安全性を高める力もあり、あいさつをすることで「この職場は自分にとって心を許せる安全な場所だ」と感じてもらえるでしょう。

16 初回のチームミーティングは和やかに

課長になると、初回のミーティングで張り切って「私は○○をしたい！」とか「大改革に着手します」などと派手な目標を言ってしまう人がいますが、それよりもまず、**課の置かれている状況をよくよく観察する**ことを私はおすすめします。

前任者が何かしら会社にとって不都合な状況をつくってしまっていた場合は、大きな改革を宣言することも必要ではありますが、それは初回のミーティングですべきことではありません。

「今後の方針は、次回のミーティングでお話ししますが、今日はまず私のことを話させてください。加えて、みなさんの自己紹介もお願いします」という具合に進めるといいでしょう。

仮に、課のみんなに今後の方針について話したいと思っても、このときは前任者を否定しない前提で、自分がやりたいことのさわりを伝えるだけにとどめておいたほうが賢明です。

そのわけは部下の気持ちを少し考えてみると分かると思います。

それぞれ前任者とともに苦労や工夫をしながら仕事のベースを築き、実績を上げられるように日々頑張ってきたはずだからです。

そこに見ず知らずの（仮によく知っている間柄だったとしても）新任課長が来て「これまでのやり方を大きく変える」と言い出したら……。多くの場合、余計な反発を招くに決まっています。

さらに、初回のミーティングで注意してほしいことがあります。

それは、**口頭のみで済ませない**ということです。

ワードでもパワポでもいいので、何かしらの資料を準備し、すべての部下が同じ資料を見て、できるだけ同じ内容を理解できるように注力してみてください。

資料は1枚で十分です。

新任課長であるあなたを誰もが歓迎しているわけではありません。

最初からレセプターを閉じて、聞く耳を持たない部下もいるかもしれません。そんな状況では、いくらいいことを言っても響きません。それを理解したうえで初回のミーティングを迎えてください。

だからこそ少なくとも、あとで読み返してもらえるように、資料を準備して臨んだほうがいいのです。

そして、**ミーティングでの最初の声掛けの仕方には、最も気を配ってください。**

長々と着任のスピーチをしたら「新しい課長は、やけに気合が入っているな……」と引かれて終わります。

最初は、あくまで和やかに。あまり具体的すぎる話は避けましょう。課の存亡が懸かっている局面でもない限り「私たちの課の予算は△△ですから、これを必達しましょう!!」と鼓舞してもしらけることのほうが多いです。

初回のミーティングでの最初のメッセージは、「1回」しかありません。その場での印象がその後の課の運営にも影響することを覚えておきましょう。

あとのコラムで初回のミーティングで初めて部下を相手に話すときのスピーチの例文を掲載しますので、参考にしてみてください。

そして初回のミーティングのあとにやってほしいことがあります。

それは、課長としての今後の仕事をしやすくするためにも、**部下との関係構築に時間や労力を掛ける**こと。

上司と部下は、出会った瞬間からお互いの印象を基に「どの程度この人にコミットするか、どの程度この人を支援するか」を決めるといいます。

そしてそれは比較的早期に固定化されてしまうのです。だからこそ毎日にこやかにあいさつしたり、談笑したりできる間柄を築きながら、それぞれが日々思っていること、得意なこと、不得意なこと、仕事で実現したいことなどを徐々にコミュニケーションしていくことが大切です。

ここで改めて意識したいのが、前書きにも書きましたが**「対話は頻度」**という鉄則です。

週に1回1時間ミーティングをするよりも、毎日5分、つまり1週間合計で25分だけでも話したほうが信頼関係の醸成には効果があるということを意識し、実行しましょう。

大事なのは時間の長さではありません。

「新任課長はたまにではなく、毎日話し掛けてくれる」ということが関係構築に効いてきます。

初回のミーティングで初めて部下を相手に話すスピーチの例文

「みなさん、おはようございます。今回、縁あってみなさんと一緒に仕事をすることになった市原です。どうぞよろしくお願いします。今日は少々声がかすれていますが、風邪じゃないんですよ。夕べ、今日みなさんと会うということを考えたら緊張とうれしさで少々飲みすぎてしまって、今日はこんな声です。ごめんなさいね。生まれは九州です。酒はそこそこ飲めます。食べることも好きなので、機会があればぜひご一緒しましょう。

さて、課としての今後の方針ですが、次回のミーティングのときに改めてお話しします。今日はみなさんのことを少し知りたいと思っています。突然ですが、1人1分で自己紹介をお願いします。……Aさん、ありがとうございます。へぇ、そういうことがあったんですね。非常に興味深いですよ……」

こんな感じでしょうか。

できるだけ、フレンドリーな言葉で、普段よりは声のトーンを上げるイメージで話します。

経験上、ウケる、ウケないは関係なく、何か自分の負の話をすることで（この例だと飲みすぎの話）、相手の緊張を少しでもほぐすといいと思います。自分だけでなく、部下も多少はナーバスになっているはずですから。

一方で、次のミーティングの予定を言うことで少し緊張感を与え、ダラダラした、フレンドリーすぎないミーティングにすることを意識します。

自己紹介には一人ひとりに対して、必ずコメントを入れます。「はい、次」と流してしまってはダメです。

最初のミーティングでの印象が後々まで引きずられることをしっかり理解しておきましょう。

さて次は、部下との1on1ミーティングの準備に取り掛かりましょう。

17 部下に聞くことを整理する

1on1ミーティングに備えて、次の項目について部下への理解を深めていきましょう。

【部下について知りたいこと】

- これまで歩んできたキャリア
  - 成し遂げたこと、失敗をどう乗り越えたかも含めて
- 仕事において大切にしていること
- 不得意なこと
- やりたいこと
  - 既に着手している場合もあれば、実は今まで誰にも言い出せなくて胸に秘めていることがある場合も

●仕事において不安なこと

右に挙げた5つは課の運営に必要ですから、しっかり聞くべきです。一方で、次に挙げるようなプライベートについてどこまで聞くかは、場合によって変わってくるので注意してください。

●心身の健康度合い
●家族構成
●趣味、休日に何をしているか
●仕事以外で不安なこと

これらは「自分の健康や家族のことで何か伝えておきたいことがあれば教えて

ほしい」と質問し、回答するかしないかを本人の意思に任せたほうがいいと思います。仕事以外の不安なことも「事前に知っておいてほしいことがあれば教えてください」と、「あくまで回答する権利は相手にある」というスタンスで聞いてみてください。

趣味などはあとで信頼関係が構築できたときに、機会があれば聞いてみてもいいですが、最初の段階で無理に聞く必要はありません。業務に影響はありませんので。

一方、休日に仕事を依頼する可能性があるのであれば、業務遂行上必要なこととして、休日の過ごし方を聞いたほうがいいかもしれません。

部下のことを深く理解するために、部下の将来の夢を聞きたいと思う人もいるでしょう。

でも、ここは要注意。

特に仕事のできる課長であればあるほど「夢は持っているのが当然」と思うかもしれませんが、必ずしもすべての人が将来の夢を持っているわけではありません。

夢を持っていない人は、子どもの頃から「夢を持っていないのは悪いこと」と感じながら大人になっている可能性もあり、夢を聞かれることを負担に感じている人も多いと聞きます。そういうケースがあることも意識しておいてください。

改めて理解してほしいのは、これらの質問は**「部下それぞれの特性を把握して、仕事を割り振りやすくするために知っておきたいから聞く」**ということです。仕事をうまく割り振ることが、課のミッション達成につながります。

興味本位で質問するのではないことを理解しておきましょう。

とはいえ出会って間もないのに、いきなりこれらの項目をすべて聞き出すことは難しいです。

少しずつ、でも確実に、部下の人となりを探っていきましょう。

自分の話から始めるのも効果的です。

このとき、自分が仕事で成し遂げた武勇伝自慢になってしまうと部下の心が閉じてしまう可能性があります。成功話よりもむしろ失敗した話、恥ずかしかった経験を話したほうがぐっと距離が縮まります。

なお、今さまざまな職場で主流になってきているのが「オーセンティック・リーダーシップ」という考え方です。

「オーセンティック」とは「本物の」という意味。

「自分の倫理観や価値観を核にし、ときには自分の弱みまで含めた本音をもさらけ出す勇気を持ちながらリーダーシップを取っていくスタイル」です（『なぜ自信がない人ほど、いいリーダーになれるのか』小早川優子著、日経ＢＰ、111ページ参照）。

上から目線にならないように気を付けながら、フェアな立場でいろいろな話ができる関係性を築いていきましょう。

上司と部下には「上」と「下」という漢字が付いていますが、「ビジネスパートナー」というスタンスでフラットな関係づくりを意識したほうが、昨今はうまくいく可能性が高いです。

部下に関する情報は、本人から直接聞きづらくても、社内外に人間関係を張りめぐらせておくことで、ひょんなことから耳に入ってくることもあります。例えば、「今、Cさん（あなたの部下）は○○で悩んでいるみたいです」と教えてくれる人もいるでしょう。

仕事は情報戦です。

部下の情報はしっかり把握したいところです。

かつ、入ってきた情報の扱いには注意すべきで、簡単に口外しないように意識しましょう。

自分が「これくらいのことは言っても平気だろう」と思っても、部下から「勝手に人に言うなんて許せない」と思われるリスクもあります。

部下が増えれば増えるほど情報量は膨大になります。場合によってはエクセルなどで管理する必要もありますが、その場合はパスワードを設定し、他人から見られないように配慮する必要があります。

18 課の具体的な方針を考え、部下と共有する

目安として、課長になって約1週間で（もしくは課長就任が決まってから実際の就任までに）課の方針を決め、部下全員の前で共有できるようにしておくのが理想です。

ここでも、初回のミーティング時のように、課の方針などの伝えたいことは口頭で済ませないようにしましょう。

繰り返しになりますが、誰もが新任課長であるあなたを歓迎しているわけではありません。だからこそ、少しでもあなたの考えをしっかり伝えられるように努力すべきなのです。

またミーティングで方針を伝える際、資料はスクリーンやモニターに映して説明するにせよ、資料はプリントアウトして配布する、もしくは元のデータを共有して、各自が手元で見られるようにしたほうがいいです。

スクリーンに投影するだけでは、部下一人ひとりの理解度にかかわらず画面を切り替えることになってしまい、理解が追いつかない部下がどうしても出てしまいます。

あとからメールで資料を送ることも可能ですが、あとになってしまうと、メールに添付した資料を開いてもらえるかどうかも怪しいうえに、ミーティングで説明した内容を忘れられている可能性もあります。

19 課の3カ年、1カ年、半期の計画を立てる

前に説明したように、課の計画は、上位組織である「部」の方針に沿う形で作成していきます。

まずは1カ年分の計画を立てます。部の方針が3カ年分あり、課として3カ年分を作成する必要がある場合は、3年後にどういう課になっていれば部の方針を達成できるかを考えます。

その3年後の姿を実現するために、1年目には何をする必要があるのかという順番で考えていくのです。

もし部が3カ年分の計画を立てていない場合でも、課長としては大まかな3カ年計画を考えておくことをおすすめします。

これからの1年間は、短期的に直近の1年で達成しなくてはならないことに加えて、3年後の目標を達成するための準備期間でもあるからです。

例えば、私の場合、ある新設部署の責任者になったとき、会社から与えられたミッションが曖昧で、部署の存在意義から自分で考える必要があったことがありました。

その部署は経営判断で新設されたのですが、細かいことの検討は私に委ねられていたのです。

そこで私は3年後にその部署をどんな姿にしたいか、ということから考えました。その部署はＩＴ部門の一つだったので「会社にとってＩＴ面でのブレーンのような存在になっていたい」という目標を定めました。そして3年後のあるべき姿を考えて3カ年の部下育成プランを立て、1年目には何をすべきかを考えました。勉強会や合宿などを通じて、部として実現すべきことをメンバーが習得していけるように計画したのです。

20 課の目標を定める

部下が目標を設定するために必要なものが、課の目標です。会社や本部、部の方針を踏まえて、事業や課の現状、将来性や今後の方向性から問題や課題を把握し、ひとまず今期は何をすべきか考えましょう。まずは1年を通じて何を実現するのかを考え、上期、下期の半期ごとの計画を立てておきたいところです。

例えばマーケティングの組織であれば、次のようなイメージです。

【マーケティング部A課 1カ年目標】

全社方針：××××××
部方針：○○○○○○
当課方針：1．部予算の達成に貢献する
2．新製品を投入する
3．適正な数の商品数を実現する
当課目標：・新製品投入　15商品（前年実績13商品、上期8、下期7）
・適正商品数の実現　50商品削減（上期30商品、下期20商品）

会社によっては1年を3カ月ごとの四半期に分けて目標や計画を立てる場合もあります。さらに細かく割って、1カ月ごと、もしくは週ごとに細かく目標や計画を立てる場合もあります。業務の実態に合わせて目標や計画を立てていきましょう。

21 各部下と目標を設定するミーティングを行う

課の目標を共有したあとに、今度は部下一人ひとりの目標を設定する1on1ミーティングを行いましょう。

会社が用意している目標シートがあればそれを使い、もしなければエクセルなどを活用して、課内で使う独自フォーマットを作ってもいいと思います。

ミーティングの前に、部下に目標を考えて目標シートに記入してもらいます。**ミーティングの時間はできるだけ「1人1時間」を確保**し、ミーティングにはその目標シートを持参してもらいましょう。それを見ながら、その部下の強みを生かし、課に最大限に貢献してもらえそうな目標を設定していきます。

その場合、可能であれば、各メンバーに「自分のスキルを上げるためにすること」という目標も入れてもらってください。

課長によるトップダウンの指示に対して目標を立てるだけだと、総じて受け身になりがちです。

自分をいかにアップデートするかというボトムアップの視点を入れることで、各人に自分で考える力を養ってもらうことができます。

また時間に余裕があれば、82〜83ページに挙げた項目についても話をしましょう。「この1時間はあなたのために確保しています。日頃思っていることなども含めて、何でも話してください」というスタンスを最初に伝えてじっくり対話してください。

22 部下に積極的に相談する

「部下に仕事を振るのが難しい」という声はよく耳にするため、のちほど詳しく説明しますが（**「シーン❺ 部下と仕事を進める」**参照）、そこで紹介した方法を実践しても部下に分担するだけではどうしても仕事が終わらないというときがあります。

そういう場合は課長である自分がフォローするしかありませんが、一方で自分自身が既に手いっぱいなこともあるでしょう。

ここで、ある興味深い調査結果を紹介します。**「上司から相談される部下ほど、同僚を助ける」**というものです（『武器としての組織心理学』山浦一保著、ダイヤモンド社、215～217ページ参照）。

つまり、課長であるあなたが積極的に部下に相談することで、部下は自主的に組織の他メンバーをフォローしてくれるようになる可能性があります。

部下はあなたに相談されることで自尊心がくすぐられ、さらに自尊心を高める行動（ここでは他メンバーのフォロー）に向かっていくのです。

このように、上司が部下に相談することは部下の動きを変え、結果として課全体でフォローし合える組織に成長させることができます。

また、必要に応じて上司（部長）に相談し、あなた自身が仕事を抱え込まないようにすることも重要です。**大切なのは、課としてやらなくてはいけないことを確実にこなせているかを確認することと、こなせていないときにどうするかを常に考えておくこと**です。

困ったときには、困りごとの内容に応じて、部下に相談を持ち掛けるといいでしょう。私の場合は、ホワイトボードがある、数人用の小さめの会議室に集まり、打ち合わせをするようにしていました。会議室が狭いほうが相談しやすく、集中力が高まって短い時間で解決策にたどり着けると感じるからです。

相談会議を始める前に「この会議は1時間で切り上げる！」と宣言すると、出席者が会議の終了時間を意識するようになります。また、できるだけ議論の内容をホワイトボードに書き出すことで議論の進捗を確認でき、議論が堂々めぐりしてしまうことを予防できます。

23 ほかの管理職と話す

課の目標達成に加えて、部下の管理、育成やフォローなど、管理職には何かと負荷がかかります。また、上司は自分の不安をなかなか第三者に相談しにくいものです。

そういう状況で強い味方になる人。それは自分と同じ立場である、ほかの管理職です。お互いの状況が分かり、視点や視座も似ているため、共感しながら話せることが多いでしょう。

私はよく他部門の管理職と話をするようにしていました。

管理職にもいろいろなタイプがいます。自分と近いタイミングで管理職になった人、自分より2～3年くらい先に管理職になった人などは、立場がよく似ていることが多く、悩みや課題が共通しているなど、お互いに相談相手になりやすいです。

相談するための会議を設けてもいいですが、何気ない会話ができるタイミングを探すのがおすすめです。

例えば、ランチや休憩時間、エレベーターの待ち時間や廊下で会ったとき、トイレ休憩など、少し気を許していそうな機会をうまく活用してみてください。

相手があなたに相談したいこともあるでしょうし、気持ちがふと緩んでいるときには、管理職同士、話が弾みます。

具体的なことを詳しく話す必要があれば、時間を取って会議室などでじっくり話をしてみましょう。

部署は違っても、少しでも心を許せる人が社内にいるのは、何かと心強いものです。

24 (番外編)チームビルディング(合宿)をする

これは必ずすべきことではありませんが、とても有効な取り組みなので紹介します。

私は新しいチームのリーダーになったときなどに、「チームビルディング」と称して金曜、土曜などを使って1泊2日で業務として合宿を開催していました（宿泊費、交通費、食事代は会社負担）。

この合宿の最大の目的は**「ともに仕事をする仲間について知る」**こと。

具体的なプログラムはこんな感じです。

初日の午前中は「他己紹介」です。自分で自分のことを紹介する自己紹介と違い、ほかの人のことを紹介するものです。

やり方はまず2人1組のペアをつくり、片方の人が相手をヒアリングします。そして、聞き取った内容をもとに「この人はこういう人です」とみんなの前で紹介していくのです。

このヒアリングで使うために、参加者に自分の写真を持ってきてもらうのがおすすめです。前もって「昔の写真を5枚ぐらい持ってきてね。もっとたくさんでもいいよ」と言っておきます。

ヒアリングのテーマを仕事に限ると、相手の一面しか理解できません。昔の写真を見ながら「昔は何を考えていたの？」「どんな子どもだった？」「この会社で働くようになったのはなぜ？」といった話を聞きだすことで、いつもとは違う側面からその人を理解できるようになります。

ヒアリング時間は約30分、他己紹介は1人につき約15～20分と長めに取ります。

ヒアリングの前に「時間はたっぷりあるから、お互いのいいところをいっぱい聞きだしてくださいね」と伝えておくことがポイント。最初は「ちょっと時間が長いな」と思われるかもしれませんが、始めてみるとあっという間です。「相手の意外な一面を探そう」と大いに盛り上がり、他己紹介もとても楽しい時間になります。

そのままの流れでランチに行くと「○○さんがこうだったなんて知りませんでしたよ」とさらに話が盛り上がり、それまでとはまったく違う、深い人間関係が構築されていることでしょう。

午後はまた趣向を変え、互いの理解をさらに深める内容を用意します。

私がよくやっていたのは、他人が自分をどう思っているかを分析するためのワークショップです。

具体的に言うと「リーダー」「参謀」「分析」「応援」の4タイプのうち、自分が当てはまるタイプを自己分析し、さらに他己分析もして比較します。

あるときこんなことがありました。

参加者10人でこのワークショップに取り組んでいたとき、メンバーの一人が自分を「リーダー」タイプと分析し、ホワイトボードの「リーダー」という欄に自分の名前を書いた付箋を貼りました。しかし、ほかの9人は全員、別のところに名前の付箋を貼ったのです。

みんなが貼った先は「参謀」タイプ（人を支えて策略を立てる人）でした。

つまり、本人と周りの認識がまったく違っていたのです。

本人は「えっ、何を言っているんですか。私はリーダータイプでしょう」と言っていました。この場面で大事なのは「このギャップはなぜ生まれたのか」という視点で周りの意見を冷静に聞くこと。このときもその本人はみんなの話を聞いて最終的に「なるほど」と納得していました。こうしたプロセスを踏むことでチームメンバー間の理解が進み、その後の仕事がとてもやりやすくなります。

自分が思う自身のタイプと、人から思われているタイプが違うケースは割とよくあります。違った場合は、例えば「もしかしたら自分は周りに遠慮しているのかな」「周りに強く当たっているのかな」などと考えるきっかけにすればいいのです。このワークショップをきっかけに自分のコミュニケーションの仕方やチーム内における立ち位置を考え直すこともできます。自分のタイプが分かるとコミュニケーションがしやすくなるでしょう。

このあと夕飯を食べて1日目は終了。

人によっては誰かの部屋で飲み会をすることもあります。

2日目の午前中はまた別のワークショップです。

「昨日のプログラムではチームのメンバーと打ち解けましたよね。このメンバーでこれから仕事をしていくわけですが、課としては主に□□をやっていきたいと思っています（以前から共有していた課のミッションや具体的な取り組みを改めて伝える）。みなさんが一人ひとりこのチームのメンバーとして何ができるか、何をしていきたいかを改めて考えてほしいのです」とお題を伝えて考えてもらいます。

各メンバーが「やりたいと思っていること」は合宿前と変わらずでもいいですし、合宿でのワークショップを踏まえて変わっていてもいいのです。例えばこんな感じです。

「合宿前は△△に取り組もうと思っていましたが、チームメンバーのタイプを知り、私は○○さんと組んで◇◇に取り組みたいと思いました」。このような変化が生まれることもあるでしょう。

それぞれの考えをプレゼンしてもらったあとは、昼前に合宿を終了することが多かったです。

部下の人数や目的によっては、泊まりではなく1日限りのプログラムにする場合もありました。

また、短期プロジェクトを実施するときは、他社のスタッフも含めたプロジェクトのメンバーでワークショップを行ったこともあります。

こうした合宿の場所としては会社以外の会場を利用していました。海に面した会場は窓から海が見えて開放的な気分になり、非日常感が生まれて会話も弾みます。

例えば、神奈川県横須賀市にある「佐島マリーナホテル」や三浦半島の三浦海岸そばにある「マホロバ・マインズ三浦」などはよく利用しました。会議室利用とランチがセットになったビジネスプランもあり、ホワイトボードも貸してもらえるので、もし勤務先が東京近郊であればおすすめです。

非日常感のある場ではいつもと違う発想が生まれやすくなります。こうした場所で人間関係を構築したうえで仕事をともにした仲間とは、プロジェクト終了後も交流が長く続くように感じます。

シーン
4
通常業務を回す

地味な作業をコツコツ続けて、
自分を磨く

25 毎朝「昨日やったこと」「昨日見つけた課題」「今日やること」をノートなどに書き出す

特に、課長になって初めのうちは業務に忙殺されがちです。だからこそ、どうにか工夫して自分だけの時間をつくることが必要になります。

例えば私が事業会社で管理職をしていたときは、始業時間は午前9時でしたが、7時半には出社していました。管理職になると残業代がつかなくなるところがほとんどだと思います。私が早く出社していたのはあくまでも自分のためです。

毎朝、ほぼ誰もいないオフィスでB5サイズのノートを開き、「前日に仕事で見つけた課題」「今日やること」を書き出し、優先順位を整理していました。手で紙に書いて、目で見ることで情報を整理し、頭にインプットすることが私にとっては重要でした。

こんなふうに最初は仕事の段取りに時間を要する場合もありますが、そのうち慣れていき、どの仕事は自分でやり、どの仕事は上司や部下に依頼するかを即座に判断できるようになって自分のペースをつくっていけるはずです。

また、自分の時間を確保するために、1日の時間の使い方を整理することもおすすめです。私は約3カ月間、時間を何に使ったかを記録していたことがあります。

	A	B
1	9−12時	商品開発会議　意思決定　社長、営業本部長、商品本部長
2	13−14時	取引先商談　商談　A社部長
3	14−16時	自分時間
4	16−17時	課内会議　進捗報告
5	17時−	自分時間

私が仕事時間を整理していたときのエクセル表のサンプルです。
ツールも書き方もあなたがやりやすい方法を探してみてください。

会議や面談の時間、一人で検討したり作業したりする自分時間、休憩や移動などに使った時間などを、エクセルに打ち込み（上図参照）、時間の使い方を可視化して無駄を探しました。

その結果「移動時間を移動だけで終わらせている」ことや「何も決まらなかったり、予定時間を超えたりしている会議が多い」といった課題に気付きました。

可視化する前は「会議が多いから自分時間が持てない」と思っていたのですが、実はそれよりも、「それぞれの時間の使い方に無駄やむらが多い」という問題が見えてきたわけです。それが分かったあとはその問題を解決することで、自分の時間を少しずつ増やすことができました。

26 部下を観察して質問する

「15 最高の投資『あいさつ』をする」では毎日声を掛けることの有効性をお伝えしました。

この声を掛ける際に気を付けてほしいことがあります。

それは**相手をよく観《み》る（観察する）**こと。

観察というと不愉快に感じる人がいるかもしれませんが、ここでは相手の表情、声、姿勢、雰囲気や変化をよく観る、意識的に観る、ということを指します。

これを心掛けると「違い」に気付けるようになっていきます。

もし何か変化に気付いたら、相手に質問をしてみてください。

何か困っているみたいだ、元気がないなぁ、というときには「どうした？ 週末何かあった？」、少し小さめな声で「困ったことがあったら、遠慮なく言ってね」と笑顔で、気さくな感じで声を掛けてみるのはどうでしょう。

逆にはりきっているときには「おっ！ なんだかいい調子だね！ 何かいいことあったの？」など、いい意味で適当な会話が促進されそうなきっかけの声掛けをします。

ただし、このとき深刻にはせず、あくまでもライトな会話、声掛けを心掛けてください。こちらが深刻になりすぎて、相手に身構えられてしまってはよく観察できなくなるからです。

気付いたことは記録しておき、どうしても気になることがあれば、必要に応じて個別に面談するなどして、詳しく聞くようにします。深刻に話をするのはそのときです。

最近ではリモートワークが浸透し、オンラインでのコミュニケーションも増えてきました。オンラインでは顔の周りしか見えませんが、それでも観察は可能です。声の調子などからも情報は得られます。リアルとオンラインをうまく使って、きめ細やかな対話をしていきましょう。

27 会議では、最初に目的を確認する

管理職になると、会議を主宰したり、会議に招集されたりする機会が多くなります。

管理職になりたての頃は物珍しさもあり、また一メンバーだった時代には知ることができなかった情報を得る機会も増えて、「さすがに管理職になると違うなぁ」といい気分になるかもしれません。

しかし3カ月もすると、その状況に疲弊し始めると思います。

「なんでこんなに会議が多いんだ？」と。

そうなったら、自分の時間を確保するために、会議の内容を少し見直すタイミングです。

もし会議を自ら仕切ることができるのであれば、率先して会議の効率化に着手していきましょう。

例えば会議の初めに「今日の会議の目的は何ですか？ 何が決まればよいでしょう？」と確認してみる。会議室のホワイトボードに会議の目的を書いて、出席者全員に意識させるのも有効です。自分でホワイトボードに議事内容を書き出してもいいでしょう。管理職だからといって、何でもかんでも部下に任せる必要はありません。自分で議事を板書しながら進行すれば、会議をコントロールできる状況になります。仮に自分主宰の会議でなくても自分のペースで進めることができるのです。

こうして自分が進行役を務めても会議時間が減らない場合は、出席者全員の時給（想定される給与から算出。正確である必要はない）を計算して会議にかかる金額を算出し、無駄なお金を使わないという意識を共有するという手段もあります。金額はだいたいで構いません。

会議の目的をホワイトボードに書くついでに、「この会議は1時間の予定ですが、出席者の時給を合計すると○○円に相当します。この金額以上の価値を出す必要がありますので、しっかり1時間で目的を果たしましょう」という具合に進めるのです。

最初は嫌がられたり、煙たがられたりすることもあるでしょうが、自分の時間を確保するため、多少の「ざわつき」は気にしないこと。

私の場合、実際にこれらを実践し、結果として「発言しない人を呼ばない」「何も決めない会議をしない」という改革につながりました。

さらに会議時間を短くしたければ、イスをなくし、立ち会議にすることも効果的です。立ち会議は疲れるので、自然と1時間以内に終了するようになります。会議の場に座っているだけで仕事をした気になる人の意識改革にも効果的です。しかし、年齢の高い人には不評なことが多いので注意が必要です。

28 課の中で勉強会を実施する

自分を含めたメンバーのスキル不足が残業につながっていると感じる場合は、課の中で勉強会を開催するのも手です。全員でスキルを上げていく環境や雰囲気をつくっていきましょう。

私が実践していた勉強会の話をします。

当時の部下は7～8人。組織のミッションは「ITで会社を変えていく実践的な企画を実行する」というものでした。

しかし、そのときの部下は全員、新しい企画を立案した経験がなく、言われたことをこなすというスタンスで働いてきたメンバーばかりでした。そこで私が考えたのが「毎週勉強会を実施する」という施策です。

毎週月曜日、朝9時から1時間というスケジュールで勉強会を開催することにし、「何月何日の勉強会では、誰が何のテーマについて話す」というスケジュールを決めて、部下一人ひとりに業務に関する課題やテーマを振りました。

勉強会の課題やテーマは「エクセルや関数の使い方」「マーケットトレンド」「ITの新技術がもたらす影響」など、部下のレベルに応じて変えました。

週ごとに発表者を代え、みんなで少しずつ知識やスキルを増やしていくことで部下の仕事の生産性が徐々に上がり、組織としての成果も出てきました。勉強会を通じて部下がそれぞれ独自の得意分野を持てるようになり、お互いの個性や特性をより理解し合えるようになりました。

その結果、私も誰にどの仕事を振ったらいいかを的確に判断できるようになり、徐々に私自身の仕事も楽になり、残業も減り、自分の時間を確保することにもつながったのです。

やや遠回りな施策に見えるかもしれませんが、こうした地道な取り組みがチーム力を上げ、ひいては自分の時間創出にもつながるのでおすすめです。

29 口頭でお願いしたことはメールでも書いて送る

電話や対面で直接伝えることの効果は大きいですが、話した内容を記録に残して共有することも大切です。

口頭で依頼したことは、多少面倒でも文字にしてメールで送ったほうがいいです。

残念ながら口頭で言われたことをすべて正しく記憶できる人はほとんどいません。仕事でよくあるのが「確かにそれを頼まれましたけど、いつまでとは言われていないですよね」「え？ あの件がそこまで重要だとは思っていませんでした」と、重要な仕事を後回しにされてしまうこと。

こうならないように5W1Hも含めて明記して、「さきほど電話でお願いした件ですが、一応、メールでも共有しておきますね」とメールで送っておきましょう。

メールで送る場合にも少し工夫しましょう。

件名にお願いした内容を明記するのです。

「依頼の件」などというぼんやりした件名は、本文を読まなければ具体的な内容が分からないのでNGです。

相手がたくさんメールを受信している場合を想定してみてください。忙しかったり面倒だったりで、相手があなたからの1通がメールの山に埋もらせてしまう可能性は高いです。正直、仕事とはいえ、すべてのメールをクリックしてメールを読むのは面倒ですよね。

だからこそ件名に端的に要件を書くようにします。

そして本文にさらに詳しい内容を書きます。

本文が不要なケースもあります。その場合は件名の最後に「本文なし」と書き添えておくことをお忘れなく。例えば、件名に「☆見積もり回答は明日3／1までにお願いします（本文なし）」という具合です。

「☆（星マーク）」など、通常とは異なる記載をすることで、相手に見つけてもらいやすくなるので試してみてください。

30 情報に熱量を乗せて伝える

相手や部下に一度情報を伝えたからといって、必ずしもきちんと伝わっているとは限りません。

あなたも上司から言われたことを、一度ですべて正確に覚えられなかったという経験があるのではないでしょうか。

むしろ伝えたいことが、すべて伝わっていることのほうが少ないといっても過言ではありません。

気を付けてほしいのは、情報伝達の方法です。

例えば忙しいからといって、経営陣や総務部などから送られてきたメールを部下に転送しただけで情報の共有や展開が済んだと思ってはいけません。

また、課のミーティングで伝えるべき情報がある際、重要なこともそのほかの事務連絡も、すべて同じトーンで淡々と話をしてしまっていないでしょうか？

こんなふうに何も意識せずに情報を伝達してしまうことには、大きなリスクがあります。

あなたにとっても部下にとっても時間は有限です。

限られた時間で、有効に大事な情報を伝達する方法を考える必要があります。

大事な情報を伝えるときは「大事さ」を強調して伝えましょう。例えば大事な連絡事項があるときは、話の最中にちょっとした「違和感」を入れるのも有効です。

大事な情報を伝える直前に、少し「間」を入れるのもその一手です。

淡々と話を続けていると、聞き手はその話のリズムに慣れてしまい、どの情報が重要で、何が重要ではないかという違いを聞き分けられません。

だからこそ、話に「間」を入れて聞き手に違和感を与え、はっとさせるのです。

効果的に「間」を入れると、ずっと下を向いていた部下が顔を上げてくれます。

そのほかにもこんな工夫があります。

会議室に**ホワイトボードがあれば、重要事項を書き出す**のです。

これも違和感の演出の一つです。

さっきまで座って話していた上司が急に立ち上がり、ホワイトボードに書き始めると、「これは何か違う」と感じてもらうことができます。

伝えたいことを、その内容だけでなく動作とあわせて印象に残してしまうのです。この「間」や違和感ある動作が熱量になります。


もう一つあります。多少時間はかかりますが**「繰り返し伝えること」**です。

何度も伝えることで、その「頻度」が熱量となって相手に伝わります。


とある大企業の社長のインタビュー記事では「聞いているメンバー（相手）が100人いれば、200回くらいは同じことを繰り返して伝えないと、伝わらないものだと思っている」というコメントがありました。

「伝える相手が多いのだから、伝わらなくてもしょうがない」と諦めてはいけません。

課であれば、部下は数人から10人前後というところが多いでしょう。それくらいの人数であっても、部下にあなたの話を「自分事」と思ってもらえなければ、いくら重要な情報でもうまく伝わらないのです。

ですから、重要なことほど何度も繰り返して伝える必要があります。

同じ会議の場で繰り返して言う場合には、「もう一度言います」「大事なことなので繰り返して言います」と、一言入れるのが効果的です。

違う会議で同じ話をするのであれば、「前回伝えましたが覚えていますか？」と、もしかするとこのあとに誰かを指名して答えさせるのではないかと思わせるくらいのそぶりで話します。これも聞き手をはっとさせるための工夫です。

「大事な話とこちらは思っていても、伝わっていないものだ」と自覚し、部下がこちらの期待する行動を自主的に開始してくれるまで、「頻度」という熱量を持って伝え続けましょう。

31 必要な自己投資をする

他人は自分が思うほど、そして自分が見てほしいところほど見てくれませんが、思った以上に見ている部分もあります。

例えばあなたが分からなくてごまかしたり、できないのにできると見えを張ったけれど結局できていなかったり……、こんなふうにさぼっているところはしっかり見られているのです。

つまり、ちゃんと努力しておかないと必ずいつか足をすくわれます。

社内を見回せば自分のことは棚に上げて「あの人、これをやってないじゃん」と平気で人を批判してきたり、「課長になったからっていい気になって……」と対抗意識を燃やしてきたりする人もいるはずです。

「実るほど頭の下がる稲穂かな」を常に肝に銘じておきましょう。

私の場合は、30代から40代の初めまでは毎月3万円分ほどビジネス書を買って読みあさっていました。

外資系コンサルティング会社で働いていたときに、周りの同僚たちの膨大な勉強量に衝撃を受けてからは、多くの時間をインプットに割くようにしてきました。

本を読んだり、勉強会を開いたり、方法論を考えてディスカッションをしたり……、手前味噌にはなりますが本当によく勉強したと思います。

知識があるだけではダメですが、知識がなければ始まらないことも多くあります。

40代になって以降は読書によるインプット重視からアウトプット重視に変えました。

ロールモデルを探すのもおすすめです。といっても毎日忙しい中で自力で新たな人脈を広げるのは簡単なことではありません。

そのため私は仕事の合間を縫って、セミナーやイベントの基調講演（キーノートスピーチ）などによく足を運ぶようにしていました。

セミナー会場にはできるだけ早く行き、座る席はできるだけ前。それも講演者のそばと決めていました。講演者の話を聞くだけでなく、少しでも近くで表情も見ておきたかったからです。

そこで気になるスピーカーに出会い、その人が本を出していたら、その本を読んでみたりもしました。

どんな人が書いたかが分かると、なぜか書かれている内容がスッと頭に入ってきやすかったからです。

こんなふうに、大金を掛けなくても「学びたい」「魅力的な人とつながりたい」という気持ちがあれば、短い時間で自己研さんする方法はいくらでもあります。

32 重くなる責任、でも給料は上がらない。そんなときに考えること

さて、ここまで課長としてのやるべきこと、やったほうがいいことをお伝えしてきました。「こんなことまでやらなきゃいけないの?」「大変すぎるし責任ばかり

増えて嫌だ」と思った人もいるかもしれません。

外資系企業のように実績にボーナスが連動する、やった分だけ給料も上がるという環境であれば、ある程度責任と結果のバランスに納得できる部分がありますが、多くの日本企業はそうではないと思います。責任が重くなり、やることばかり増えるけれど給与は上がらないというジレンマやモヤモヤを抱える人も多いでしょう。

「給料」というお金を多くもらえるに越したことはありません。ただ、お金は心理学では「衛生要因」と呼ばれるものの一つで、もらった瞬間は満足するものの、すぐに「これだけもらって当たり前」と感じるようになります。つまり、時間がたてば「もっと欲しい」と思うようになり、また不満の原因になってしまうのです。

では、どう考えればいいのでしょうか？

私が考える答えとしては、**「責任＝つらく逃れたいもの」という定義で捉えるの**

をやめてはどうかということです。「責任＝目標達成に必要なもの、成長のきっかけ（失敗も成長のきっかけ）、社内で（肩書ではない）独自の立ち位置を確保することにつながるもの」と再定義してみるのです。

責任があればあるだけ、その目標を達成して成果を出した場合には、金銭とは異なる報酬（成長、称賛、自信）が得られる。そう考えてみてはいかがでしょうか。

金銭以外の報酬を得ることは、新たな武器を手に入れるようなものです。その武器は、今後あなたが直面する新たな課題や試練に対応するときに大いに役立つでしょう。また、その武器が独自のものであれば、次の昇進のときに評価されるかもしれません。

「給与＝金銭報酬」は分かりやすいですが、短期的な視点に縛られすぎずに、責任とは（金銭報酬とは異なる）深い動機付けを自らに与える機会だと捉えることも、課長という責任ある仕事と向き合う醍醐味だと考えてみてください。

33 想定力を鍛える

「想定力」とは何でしょう。

文字通り、想定する力です。

「想定する」とは、これから先に起こるかもしれない出来事を考えること。

では、なぜ想定力が必要なのでしょうか。

もし想定力が低いと、すべての出来事が突然起こったように感じます。

未来のことは誰にも分かりません。

それでも、これからのことに意識を向け、細かく観察をしているだけで、少し先のことを想定できるようになります。

これができないと物事の予兆や前兆を捉えられず、突然何かが発生してから状況に気付いて慌てるというパターンに陥ってしまいます。

突発事項は通常の業務以外に起こるので、リカバーする手間や時間も想定外。このため、本来やるべきことに手が回らなくなるなど多大な影響が出ます。

しかし、ある程度のことを想定できるようになれば、何らかの事前準備ができる、もしくは何かが起きる前に回避策を取ることができます。

この**「想定外」をなるべく減らすためには、いつ何時でも状況を観察することが重要**です。観察して起こり得る事態を想像し、何か起きた場合には何をすべきかを常に考え続けましょう。

例えば「部下Aさんのお子さんが次の4月に小学生になる。そうすると4～6月頃までは早退や休みが多くなるかもしれない。だったら早めに課題を整理して、Aさんの業務の一部をBさんに振っておこうか」……という感じです。

こうして想定した内容に応じた策を実行するのは、管理職が身に付けるべきスキルと能力です。

最初からうまくいかなくても、常に「こうなりそう」「こうなるかも」という「想定ごっこ」をしていることが重要です。予測の精度はだんだんと上がっていくので安心してください。

34 積極的に他流試合に参加する

「他流試合」とは、自分が所属している会社や組織以外の人たちと仕事をしたり、議論したりすることを指します。

例えば、まったく面識がなく、分野や業界の異なる人同士が、研修やセミナー、ワークショップなどで一緒になり、議論や問題解決などに取り組むといった場をイメージしてください。

他人とチームやグループを組んで初めての課題に取り組むことは、同質化しがちな自社での議論やいつもの自分とは異なる発想を生みだすことにつながります。

多様性を取り入れることによって、新規事業や新サービスに結びつく刺激を受けるなど、新たな経験ができるでしょう。

こういった場所では、自分がどういう強みを発揮するのか、また何が不得意なのかも見えてきます。

知らない人同士でチームをつくったとき、すぐにリーダー役になれる人、参謀として振る舞える人、状況を整理できる人など、普段の職場にはあまりいないタイプの人に出会うこともあるでしょう。その中で、自分が普段は意識しない面や振る舞いを意識するのです。

自分と異なる人材たちが集まることの有用性を理解し、多様性を生かすことが、あなたのこれからのマネジメントに生きていきます。

多様な人材をうまくマネジメントできる組織は強いのです。

12シーン別・実践マニュアル

シーン 5

部下と仕事を進める

部下に仕事をどんどん振り、育てる

35 部下のタイプを知り、効果的な声掛けをする

私は新たな部下と話すときに、いつも意識していることがあります。

それは、「その人とはどういう会話をしていくのがいいのか」という大まかな目安を判断することです。

具体的に言うと、部下の話す内容や表情を観察しながら、**科学的な思考が得意な「左脳派」か、直感的に物事を受け入れるのが得意な「右脳派」**かの傾向を見極めるようにしているのです。

「今はどんな仕事をしているのか」「何が得意か」「昨日の出張はどうだったか」などの簡単な質問をして、相手がどう答えるかを聞くだけでも、どちらのタイプかはある程度分かります（これは経験が必要だと思います）。

例えば「昨日は工場の視察に行ってきました。非常に大きな工場で、設置されている機械の数も大きさも相当なものでした」などと、物事を大まかに捉えて話す人は右脳派の人に多い印象です。

一方で「昨日見学した工場は東京ドーム約50個分の面積で、1日約1300台の車を製造していました」というように、細かい数字や事象に焦点を当てて話す人は、左脳派に多い印象です。

このように同じ工場視察の報告でも、どこに目を向けてどう話すかはタイプによってそれぞれ異なります。

こうして相手の大まかなタイプを把握したら、そのタイプによって、こちらから物事を伝えるときの表現を変えてみるのです。

例えば右脳派の人に対して、いきなり「今期の目標数値は……」と数字を持ち出してしまうと、相手の頭の中のレセプターが閉じて聞き入れてもらえなくなることがあります。

また、左脳派の人に話すときに細かい部分をはしょると、相手は細かいことが気になって、話の全体像がうまく伝わらないことがあります。

これは一例ですが、とにかく部下一人ひとりをよく観察し、部下が最もやる気を持って仕事に臨めるような伝え方をすることが大事です。

また、**「褒めたほうが伸びるタイプ」なのか、逆に「少し追い込んだほうが伸びるタイプ」なのか**を意識することもコミュニケーションには有効です。

	左脳派	右脳派
タイプ	論理的な思考が得意	物事を直感的に受け入れる
話すときの注意点	細かいことをはしょって大まかに話すと、話の全体像がうまく伝わらない	いきなり「今期の目標数値は……」と数値を持ち出すと聞き入れてもらいにくくなる

部下のタイプ
いわゆる「左脳派か？」「右脳派か？」

部下のタイプを見極めて、
話し方を工夫してみてください。

部下がどちらのタイプかを知るためには、一度褒めてみるのがおすすめです。例えば、あなたが「Aさんは○○が得意だね」と言ったとします。

相手が褒めて伸びるタイプだと、「それほどでもないのですが、みんなにそう言われることは多いです」と「さらに褒めてほしい」というメッセージを送ってくるはずです。

一方、少し追い込まれたほうが伸びるタイプは、「それほどではありません。まだまだなんです」と「これ以上その件は言わないでほしい」というメッセージを出してきます。

微妙な違いですが、いくつか質問を重ねているとだいたいの傾向がつかめることが多いと思います。

では、褒めたほうが伸びる人に対して、何か改善点や反省点を伝えたいときはどうすればいいでしょうか。ここでもコツがあります。

会話の冒頭でネガティブな話をしてしまうと、相手のレセプターが閉じて、そのあとの言葉を受けつけてもらいにくくなる可能性があるのです。

そのため、まずはポジティブな話をしたうえで、「この点はこう改善してほしい」という順番で伝えたほうが効果的です。

また、あまり褒めすぎると、その時点で相手の「褒めてほしい欲求」が満たされてしまい、こちらの意図とは違う方向に行く可能性があります。ですから、褒めつつも「あと1㎝くらい背伸びできない？」と、少し頑張れば達成できそうな目標を示すことが有効です。こうすれば「さらに褒められたい」と思ってもらいやすいでしょう。

一方、少し追い込まれたほうが燃えるタイプの部下であれば、感謝の一言から始めつつ、こちらの「期待」を伝えるのがおすすめです。

あまり分かりやすい褒め方をせず、「確かによくやってくれているけど、本当は倍くらいの結果を出してほしいんだよね。それくらいできそうなのにもったいないよ」と、褒めて伸びるタイプが聞いたら卒倒してしまうような感じで言ってみましょう。

なぜなら、こういうタイプの部下の場合、山は高いほど燃えますし、期待を込めて伝えたほうが本気になってくれるからです。

	褒められて伸びるタイプ	追い込まれて伸びるタイプ
改善してほしいことを伝えるとき	まずポジティブな話をしてから、改善してほしいことを話すほうが聞き入れてもらいやすい	感謝の一言から始め、「期待」を伝える
褒めつつ、次の目標を伝えるとき	褒めつつも「あと1cmくらい背伸びできない？」とやや高めの目標を提示する	分かりやすい褒め方はせず「本当は倍くらいの結果を出してほしい。もったいないよ」と強気の目標を提示する

部下のタイプ
「褒められて伸びるタイプか？」
「追い込まれたほうが伸びるタイプか？」

部下のタイプに合わせて、褒め方や目標の伝え方を変えてみましょう。

また、追い込まれて伸びるタイプを最初からあまり褒めてしまうことはやめておいたほうがいいです。

「この上司は褒めればいいと思っているのか？　何も分かってないくせに」とネガティブに受け取られてしまうことがあるからです。事実を踏まえて、何が足りないのか、相手にどうしてほしいのかをしっかり伝えることが大事です。

相手を責めるのではなく、「あなたはまだまだそれくらいでは収まりませんよね」と期待を込めてポジティブに追い込むのです。

このように相手の特性によって言葉遣いや伝え方を変える工夫をして、伝えたいことがしっかり届くようにすることが大事です。

36 部下の得意そうな仕事をどんどん振る

課長経験者に「課長になってから直面した壁」を聞くと、「部下に仕事を振れず、自分が手を動かしてしまう」という壁を挙げる人が多いようです。

部下に仕事を振れない理由はさまざまあるでしょう。部下への遠慮もあるでしょうし、そもそもどうやって仕事を振ればいいかが分からないと悩んでいる場合もあるでしょう。

この壁を乗り越えるためにまず意識すべきは、**「課長になる前の仕事」と「課長の仕事」はまったく別物である**こと。

最も大きな違いは、「指示を出す」側なのか、それとも「指示を受ける」側かの違いです。

かといってすべての仕事を部下に振るのも違います。

特に課長職に就いたばかりのときは、どこまでを部下に任せるべきかの基準が分からないこともあるでしょう。

課長が担うべき仕事はとても多いですが、ここでトライしてほしいことがあります。

それは、まずはすべてを自分でやってみようとすることです。

自分で全部やろうと奮闘してみると、自分にできないことや不得意なことがあると気付くはずです。

自分の強みを生かせる得意な仕事は自分で行い、自分は不得意で、部下の中にそれを得意とする人がいれば、その部下にその仕事をお願いしてみるといいでしょう。

部下が何を得意としているのかは、前述したように対話や面談を通じて理解していくようにします。

それでも、どうしても自分にも部下にもできない仕事があれば、そのときは上司の出番です。上司に相談して助けてもらう、という選択肢があることを知っておいてください。

また、費用はかかりますが、一時的に外注を使う、他部署の応援をお願いするなど、何かしら手立てはあるはずです。

37 部下に仕事を振るために3つの前提条件を肝に銘じる

部下に仕事をスムーズに振るために守っておいたほうがいい前提条件があります。それが次に挙げる❶～❸です。

❶ 部下と日頃から対話しておく
❷ 上長として、普段自分がやっている業務を部下にある程度分かってもらっておく
❸ 部下からの依頼には、できるだけ早く対応する

仕事を振ったことが、自分と部下との間で何かしらのトラブルに発展する理由はいくつかあります。

中でも大きな理由として「上長としての自分と部下との信頼が不足している」「上司が部下のスキルや器の大きさを理解していない」という問題があります。

特に、部下との信頼関係が構築できていない場合、部下は「課長は自分の都合で仕事を振ってくる」「これって課長の仕事なんじゃないの？」「自分はラクして部下にばかり仕事を振ってない？」と感じ、同僚に「あの課長ってどうなんですかね？」などと発言して、課全体に不信感を広めてしまうこともあります。

こうした状況を完全にはなくせないことを前提にしつつ、少しでも信頼を得るために、前述した❶～❸の行動が効果的です。

軍隊など上意下達を守らないと死に至る可能性があるような環境ならともかく、上司と部下という上下関係はそれほど強固なものではないことを理解しておく必要があります。

特に、最近はこの上下関係というのは以前よりも緩くなってきている傾向が強いように感じます。

でも、諦めないでください。

❶～❸を着実に行えば、課長と部下という関係だけでなく、何かあったときに助け合うパートナーの関係であることを部下に理解してもらえるからです。「あの人に頼まれたらやるしかない」と思ってもらえる関係になれたらしめたもの。その結果、部下の「依頼」から「作業着手」までの時間が短くなり、課全体の生産性が向上します。

さて、「部下に仕事を振れない課長」の代表的なパターンは2つあります。

1つ目は「既にたくさんの業務を部下に振っていて、さらに仕事を依頼したら部下のやる気をそいでしまうのではないか。反発されるのは嫌だから、大変でも自分でやってしまおう」と仕事を抱え込む**「気弱タイプ」**。

2つ目が「自分でやるのが最も確実に目標を達成できる方法だ。時間もないことだし、自分でやってしまおう」と考えて仕事を抱え込む**「目標達成優先タイプ」**です。

❶～❸の前提条件の行動を実践することで、そもそも気弱になる必要性は減るはずです。

例えば、課長が部長から仕事を頼まれて、課長がその仕事を自分で行ったほうが短い期間でアウトプットが出すことができ、課の評価を上げられるなど、課のメリットにつながる場合であれば、課長自らその仕事をやったほうがいいかもしれません。しかし、そんな特別なケースでもなければ、部下に仕事を振ることを前提にしましょう。

部下に話すときは**「仕事を振る」というよりも、まずは「相談したい」というスタンスで臨む**ことをおすすめします。

このときは、どうやって相談を持ち掛けるのがいいでしょうか。

ポイントは仕事を丸ごとその部下に振るわけではないというイメージで伝えること。

「一緒に考えたいことがあるんだけど」と部下に話を持ち掛けてみましょう。相談する場所は個室がおすすめです。

部下に「依頼する」というより、部下の「意見を聞く」スタンスで話し、「あなたは本当によく分かっている。私よりもこの仕事を上手にできそうだから、もしよければ、この仕事をお願いしてもいい？」という感じで話してみるのです。

「期待」「評価」「信頼」をいかに伝えるかが肝心です。

38 「60点の仕上がりで来る」と思って待ち、80点まで伴走する

「目標達成優先タイプ」も、気弱タイプとほぼ同じアプローチが有効です。目標達成へのアグレッシブさはこのタイプの強みでもありますが、部下に仕事を振る際には、それがマイナスの影響を与えていることも考えられます。部下の出した成果物に対して、自分の成果物よりも劣っているという前提でアレコレ口を出してしまう傾向があるからです。

仕事をするうえで、その目標達成へのアグレッシブさは間違ってはいません。でも、部下が課の目標達成をそこまで重視していないケースは意外と多く、課のことを思って課長が指摘をしても、部下に素直に聞き入れてもらえない場合もあることを意識しておきましょう。ここで大事なのは、あくまで**部下の理解度に合わせて、部下の立場に立って話す**ことです。

そして、依頼した仕事は60点ぐらいの仕上がりで自分のところに上がってくると心しておきましょう。

逆に少なくとも60点の仕上がりにはなるように、小まめに「どう？ 何か困っていることはない？」と自ら部下に働きかけて情報を取りにいき、60点のレベルまで持っていくことが大事です。

60点であれば達成できる部下は多いはず。そこから20点上乗せして80点のレベルに上げるために上司としてアドバイスをするというスタンスで臨みましょう。

仕事では多くの場合、最初から100点を目指さず、80点で進めて、トライアル&エラーを繰り返していくほうが目指す結果を手に入れやすくなります。しかし、もし100点が求められている場合であれば、残り20点を上げる作業は課長の自分がやればいいのです。

この姿勢で取り組むことで、結果的に自分の仕事の負荷を下げることもできます。

この60点を目指すというのは、部下の側にも仕事のポイントとして理解してもら

	気弱タイプ	目標達成優先タイプ
仕事を自分でやってしまう理由	「既にたくさんの業務を部下に振っているし……」と部下に遠慮して自分でやってしまう	「部署の目標を達成するためには、自分でやったほうが確実」と考えてしまう
解決策	部下に「仕事を振る」のではなく、「相談したい」というスタンスで臨む	依頼した仕事を部下が60点まで仕上げられるように導き、80点になるように助言する

「部下に仕事を振れない課長」の2タイプ

あなたはどちらのタイプですか？
自分のタイプを知って、部下に上手に仕事を
任せられるようになりましょう。

いたいところです。

「60点の時点で上司に相談し、80点にして先に進める」という方法を部下に実行してもらえれば仕事の効率は上がります。

最初から100点を目指すのではなく、ある程度のところで上司に見せて精度を高めていくほうが仕事を早く進めることができるのです。

60点と聞いて思い出す笑い話があります。

日産のタイでの合弁会社の工場に生産管理プロジェクトのITリーダーとして赴任していたときのこと。

現地の次長は、タイの東大ともいわれる某大学を首席で卒業した若者でした。私は自信満々の次長に気を使いながら、とある任務を任せました。

生産管理システムを導入するにあたって「ガントチャート」作成と、それに基づくプロジェクト管理を依頼したのです。

ガントチャートとは、作業（タスク）を進めていく段取りを項目別にまとめた表で、ある作業が終わったら次はどんな作業をするかという工程の全体像を一覧できるという優れものです。

その次長は即答で「ＯＫ、やりましょう」と作成に取り掛かってくれました。

ところが、期限ギリギリで提出されたガントチャートはすべてのタスクが同日スタートで、同一作業期間（３カ月）、同日終了という驚愕《きょうがく》の内容でした。まったく「段取り」になっておらず、実際に作業を始めてもうまくいくはずがありません。

そして、いよいよすべてのタスクを終わらせなくてはいけないという日になって次長が言った言葉は「明日もあるじゃないか！　今日で会社がつぶれるわけでもないし、明日やればいい！」でした。

ガントチャートを早い段階でチェックできていれば、ガントチャートの作り方を説明し、一緒にタスクを洗い出して、60点のやチャートを作成できていたはずでした。結局、この3カ月はすべて無駄になって一からやり直し。

学歴や異国の文化に遠慮した自分を呪いながらも、この経験によって部下の仕事が60点に届いているかどうかをチェックすることの大切さを痛感しました。今でも、次長の自信満々の表情とガントチャートを思い出すたびに思わず噴き出してしまいます。

39 どこまで「任せる」かを考える

仕事をどこまで部下に任せるかは、部下それぞれの特性に応じて考えるべきです。**スキルや経験だけでなく、部下の得手、不得手を把握したうえで仕事を振っていきましょう。**

そのためには「数字が得意な人」「まずは動くことが得意な人」など、部下の特性を意識することが大事です。

また、ベテランと新人とでは振るべき仕事が違います。どこまで任せるかについても、スキルと経験によって変わってきます。いずれにせよ、私が部下に仕事を振る際に意識していたのは、**「ほんのちょっとのチャレンジを与える」**というものでした。

ベテランは経験があるだけに信頼できますが、その半面使いにくいところもあります。よくも悪くも手を抜くすべを知っている人が多い傾向があるからです。どのくらい手を抜くかは分からないので、手を抜かれないように、少しだけ無理難題を乗せて依頼してみるのがポイントです。

例えば「新規獲得数は今の目標に対してプラス10社でお願いします。これまでのご経験からすると、今回の目標値は少ないですよね。何か遠慮されていますか？遠慮は無用ですので、ぜひプラス10社でお願いします」というような感じです。

当然、反対意見やできない理由を言われると思いますが、基本的には耳を貸さなくて大丈夫なはずです。

部下のチャレンジ精神を引き出すためにも、まずはやってもらうように働きかけていきましょう。

若く経験の浅い人の場合は、知識不足による不安から消極的になるという点でベテランと異なりますが、「ほんのちょっとのチャレンジを与える」という点では同じアプローチが有効です。

その結果、成果が出たときはしっかり褒めましょう。また、成果が出なくても、次への自信につながるよう、一緒になって原因を追究して対応策を考えていきます。こうした機会がいいコミュニケーションを生み、お互いを知り、信頼関係を強化するきっかけになります。

40 叱るのではなく「期待」と「成果」のギャップを伝える

もし部下が思ったような成果が出せなかったとき、あなたはどうしますか？

叱ってしまうでしょうか？

人間ですからどうしても感情が前に出てしまい、ついきつい言葉で叱ってしまうことがあるかもしれません。

しかし、ここはぐっと堪えてください。

このときに心に耐めておいてほしいのは**「仕事を憎み、人を憎まず」**という考え方です。

部下の成果が期待よりも出なかったときにやってはいけないことの一つに、その「部下自身」を責めて叱ってしまうこと。

「あなたはそもそも○○だから結果が出ないのだ！」と、人格そのものを責めてしまうとハラスメントになってしまいます。

そもそも責めたり、叱ったりはすべきではありません。あくまで仕事について「伝える」のだということを忘れずに。

では、どうやって伝えればいいのでしょう。

このときは**「期待」と「成果」のギャップを伝える**ようにすればいいのです。

期待は「目標」や「あるべき姿」。そして、成果とは「現状」です。

この期待と成果のギャップが「問題」です。

部下にはこの「問題」を伝えるのです。そして、問題が何かを理解してもらったら、次はその問題が発生した「原因」を探ります。

まずは部下自身に原因を考えてもらいましょう。

表層的な原因ではなく、根本原因（これを「真因」といいます）まで深く掘り下げてもらいます。

部下自身が原因を考えていないうちに、上司が「あれをやれ！」と指示してしまっては、また同じような問題が繰り返される可能性があります。

真因をつきとめて対応策を講じるのです。部下には問題が発生したことをむしろ好機と捉えてもらい、成長するきっかけにしましょう。

そのほか、QCD（Quality＝品質、Cost＝コスト、Delivery＝納期）の視点で整理して伝えるのも有効です。

特に経験の浅い若い部下には、Dの納期を中心に言うことが効果的です。この機会に「仕事において納期は本当に大切」ということを理解してもらいましょう。

それでも、どうしても叱ってしまうときがあると思います。

その場合、こちらの言い分を伝えて終わらせるのではなく、その後、2〜3日は通常よりも多く声掛けをしたほうがいいです。

叱ったらお互いにどこかしら気まずさが残るもの。叱られた部下が「信頼を失ってしまった」と落胆している可能性もあります。

だからこそ「どう？」というシンプルな声掛けをするだけでも有効です。

ただし、「期待しているよ」という声掛けはほどほどにしたほうがいいです。叱ったあとだけに、プレッシャーにしかならないケースが多いと思います。

「叱るときは個室で、褒めるときはみんなの前で」を心掛けることも大切です。

みんなの前で叱ることで「恥さらし」の状況をつくってはいけません。恥をかくのは誰にとっても嫌なことですし、恨みを買う可能性もあります。

しかし、最近では個室に呼ばれることを嫌がる人もいるため、これも相手をよく観察して適切な行動を取るように気を付ける必要があります。

こうしたネガティブなコミュニケーションをスムーズに行うためにも、日々、部下に声を掛けて「今はどんなことをやっているのか」を把握しておきましょう。

このときは仕事の内容をチェックするというよりも、**部下が何が得意か、どんなことを考えながら仕事をしているのか**を知ることに主眼を置いてみてください。「こんなことを継続している」「営業力がすごい」「計数管理がうまい」など、特技は意識すれば見つけられるものです。

一つでも部下の特技を見つけて、「へぇ、すごいですね」とまずは受け入れる姿勢を見せること。そのときの相手の反応がポジティブであれば、その強みを発揮できる仕事をどんどんアサインする機会を探してみてください。

部下の強みにフォーカスすることが、仕事で結果を出すための早道です。

私が事業会社で新規事業を立ち上げたときは、いろいろな部下がいました。上司にたてつくために煙たがられ、部署をたらい回しにされてきた人や、定年直前で「もう定年ですから、そこそこで」という人も。

しかし、こうした部下たちをよくよく観察したり話を聞いたりしてみたところ、多くの場合、びっくりするような大きな強みを持っていました。

「上司にたてついた使いにくい人」は、見方を変えれば「自分の意見を持ち、しっかりそれを伝えられる人」です。こう理解すれば、それはもはや強みであり、弱みではありません。

さて、中には部下を怒るときに大声を上げる上司がいます。

これはどう考えればよいのでしょうか。

相手と相当の信頼関係があれば、大声で怒ることがあってもいいように思いますが、常に大声を出していると「またこの人は大声で」と思われるだけです。

こうなると相手のレセプターは閉じてしまい、何を言っても届かなくなるでしょう。

大声を出してばかりいる自覚がある人は、大事なことを伝えるときこそ、あえてゆっくりと小さな声で話したほうがいいかもしれません。

逆に、普段ニコニコしているのであれば、意図的に神妙な顔を使ってもいいでしょう。

通常とは異なることをするからこそ、相手をハッとさせ、伝わり方に違いを生むことができるので、ここぞというときには普段と違う印象を与えるようにしてみてください。

41 「教える」と「育てる」を使い分ける

「教えること」と「育てること」。これは部下の成熟度（理解度）によって使い分ける必要があります。

「教える」とは、「一から教える」「手取り足取り教える」という言葉通り、理解度がまだまだ不足している部下へのアプローチです。右も左も分かっていない部下に対しては具体的な指示を出し、スキルや知識、やり方を教えていくほうが部下にも安心して仕事に取り組んでもらえます。

しかし、部下が自分自身の未熟さを理解しておらず、上司が判断する成熟度と、部下が思う成熟度にギャップがある場合があります。

上司がそのギャップを一方的に指摘すると、部下は「自分は過小評価されている」と感じ、上司からのメッセージを拒否してしまいます。

こんなときはまず上司と部下の間で部下の成熟度に対する理解を一致させることが必要です。部下に何かしらの課題を出し、それに対する部下の対応結果を見ながら、成熟度の理解を合わせていくことをおすすめします。

課題に対する解決策を検討してもらうのでも、資料を作成してもらうのでも構いません。その成果物をあなたがチェックしましょう。

「必要な要素が網羅されていない」「真因への深掘りが足りていない」など、**成果物と期待する結果の具体的なギャップを説明**します。

一方、「育てる」とは、基礎的なことは自分でできている部下に、より自発的に考えられる人材に育ってもらう際のアプローチです。仕事を始めて4~5年ほど経過し、ある程度の経験をした部下にもう一段上に上がってもらうイメージです。

この「育てる」ときに、褒め方に関する注意点があります。

それは**「能力」よりも「努力」を褒める**ということです。

「あなたは優秀だね」と褒めるより、「あなたのこのアプローチは素晴らしかったね」というように努力したプロセスを認めて褒めたほうがいいです。

これにより部下は仕事に取り組むことに楽しさを感じ、さらに成長したいと願うようになります。

しかし、能力を褒めてしまうと「賢く見られたい」という気持ちが生じて失敗を恐れるようになり、「自分には能力があるのだから頑張らなくてもできるはずだ」と勘違いして挑戦しなくなる傾向があります。

私も以前、その傾向が強い部下を持ったことがあります。

その部下はＩＴに詳しく、「社内で一番、ＩＴの知識を持っている」と自負していました。

正直、私はその部下がそこまで優秀だと思っていなかったのですが、「君は優秀だね」と褒めていました。そうしているうちに、その部下は褒められないと仕事をしなくなってしまったのです。

加えて、自分のできる範囲の仕事しかしなくなりました。

私の要求が部下の経験を超えていたこともあり、褒められないと分かった段階でさらに手を抜くようになったのです。


私は普段はあまり大きな声を出しませんし、割と冷静沈着な態度を取ることが多いのですが、このときばかりは普段と違う声の大きさとトーンで、個別に話をしました。

部下はいつもと違う私の様子に驚き、このままでは褒められないと感じたようで、態度を改めてくれました。

自分のこれまでの経験や考えを赤裸々に語ってくれるようになり、そのおかげでお互いの理解が深まりました。また、その部下はそれまであまり挑戦しようとしなかった仕事に対しても積極的になってくれました。

もう一つポイントがあります。

育てるときには、**指示するより「質問」を用いる**のです。

質問の仕方としては、「はい」や「いいえ」で答えるクローズドクエスチョンではなく、オープンクエスチョンにするのがコツです。

例えば「この状況をあなたはどう思いますか？」「この問題を解決するためには、まず何をしたらいいと思いますか？」「いくつか取るべきアクションがありますが、最初に何をしますか？」と、自分の考えを何かしら言わざるを得ない質問をします。

その質問に対する部下の回答に対して「おかしいな」と思ってもすぐに訂正はしません。

「なぜそうしようと思ったのですか？」と質問で返します。

これは、育てるにはとても有効なやり方の一つです。何度かやり取りしているうちに、「ではどうすればいいでしょうか？」と聞かれたときには、あなたの意見を伝えてみてください。ただし、このやり取りを始めて割と最初の段階で「答えを教えてください」と言われたときには答えず、部下に考えさせるような質問を返すことが有効です。

42 小まめに振り返りを行う

部下の仕事の進捗を確認するための「振り返りの場」を新たに設ける必要はありません。

例えば、課で行っている週1の定例ミーティングなどがあればその場を使って、部下一人ひとりに業務の進捗を口頭で発表してもらうので十分です。

その際、**課長自ら部下のほうに「情報を取りにいく」**姿勢を大事にしてください。

以前、私が在籍していた会社で「部下のほうから階段を上って情報を上げにくるべきだ」と指導する上司の部下になったことがありますが、これは部下にとってはなかなか難しいことでした。

上司が忙しい場合はならなおさらのこと、「上司の時間がありそうなときを狙って部下のほうから上司に話し掛けて報告をする」というのは部下の仕事を無駄に増やすだけです。

ですから課長のほうから積極的に部下のほうに足を運ぶなりして、情報を集めるように心掛けたほうがいいでしょう。

面談や振り返りの際、部下が何らかの問題を抱えていることが分かったときは放置せずに対処する必要があります。

部下の問題を知った課長が何もしないのでは、上司の存在意義はないといっても過言ではありません。

できる範囲で素早く動き、必要に応じて自分の上司にも相談して解決に努める必要があります。

そうしなければもう部下は情報を上げてくれなくなる恐れがあります。

43 「Yes, but～」を意識する

会話や議論をしているときに、相手の意見などに対してどのように反応しているでしょうか。自分ではそのつもりがなくても、無意識に「でも」「しかし」「いや」といった相手を否定する言葉を使ってしまってはいないでしょうか。

相手がどんなタイプであっても、また会議の場であれ、個人面談の場であれ、最初に否定から入ってしまっては相手のレセプターが閉じてしまいます。すると、こちらから伝えたいことやお願いしたいことがあっても「否定されたこと」しか印象に残らず、相手はだんだんと真剣に話をする気を失ってしまい、会話が続かなくなりますし、もう本心を言ってくれなくなるかもしれません。

そこで常に意識したいのが**「Yes, but～」**です。

例えば相手が何かを言った場合、「なるほど、面白い意見ですね。一方で、こう

いう考え方もあります」と相手の発言や思いを肯定してから、そのうえで異なる意見を伝えるのです。「例えば」や「ほかにも」「このケースであれば」という言葉を使いながら、提案するような言い方をするのも効果的です。

こういう姿勢を意識的にキープすることで、どんどん議論が続いていきます。「Yes, but〜」の姿勢を心掛けるだけで、こちらの話を聞こうと思ってもらえるようになるのです。

シーン6
人事評価をする
部下を感動させるほど、しっかり見て評価する

44 フィードバック面談を行う

人事評価のフィードバックや目標設定の面談を短時間で済ませる課長も少なくありませんが、私は「目標設定ミーティング」と同様に「フィードバック面談」も、できるだけ**部下1人につき1時間**で設定していました。

「あなたの面談時間として1時間確保していますから、話したいことがあったら何でも言ってください」という姿勢を大事にしていたからです。

面談の中身も単に評価結果を伝えて終わりにするのではなく、「あなたの評価はこうでした。でも、もっと○○のような取り組みができていたら、さらに上の評価を付けることができたと思います」などと、できるだけ丁寧かつ具体的に伝えるようにしていました。

評価結果だけでなく、なぜその評価になったのかというプロセスを事実に基づいて話すのです。

こういう内容の面談にするためには、上司はフィードバックの内容を事前にかなり念入りに準備する必要があります。

評価を決める際に注意してほしいのは、評価者である自分自身の「無意識」です。

ハロー効果（評価をするときに、ある事象に引きずられて全体を評価してしまう）や寛大化傾向（部下によく思われたいがために評価を甘くする）、中心化傾向

（評価に自信がなかったり、人間関係を気にしすぎたりして、評価を中央値に寄せてしまう）など、多くの評価者が陥りがちな事象には気を付けましょう。

これらを防ぐためにも、評価期間直前に慌てて評価をすることがないように、前もって準備しておく必要があります。

例えば私の場合、部下が数人のときは、できるだけ毎日、その日の部下の評価をノートに記録するようにしていました。「（5段階評価として）Aさん：2（報告が少ない）、Bさん：3（計画通り）、Cさん：4（新規顧客獲得）」という具合です。

毎日評価するのは大変です。

でも、人間の記憶は曖昧で信用できないことを意識し、特に評価期間の最初のほうの印象は忘れてしまうので、日々の記録を残しておくことをおすすめします。

課長の場合、部下の人数は数人程度のことが多いでしょう。

部下が5～8人程度までであれば、一人ひとりの評価を毎日チェックできると思います。

部下の数がそれ以上に増えた場合は、一人で管理できる人数（「スパン・オブ・コントロール」といいます）の上限を超えるので（一般的には10人を超えると管理できなくなるといわれています）上司と相談する必要があります。

最終的な人事評価は実施期間が決まっており、その期間に集中して対応すればいいので、しっかり行いましょう。

評価は残念ながら絶対的なものではなく、どうしても相対的になるものです。ある部下がいくら頑張って結果を出したとしても、ほかの部下がさらに結果を残していれば評価の上下ができてしまいます。

フィードバック面談では、いかに部下に納得してもらうかが肝要です。そのためには事実に基づいて評価プロセスの内容を伝えることが大切です。

ただし、だからといって、ほかの部下の評価結果を口外して納得させようとすることは避けるべきです。

例えば、部下Aさんのフィードバック面談中に部下Bさんの話を出して「Bさんのほうが□□といった実績を上げたので、あなたに高評価を付けることが難しくなった」などと話すと、AさんはBさんのことが気になってしまいます。「Bさんのせいで自分の評価が下がった」「上司はBさんをひいきしているのか」など、本質とは異なる考えがAさんの中に芽生えてしまうのです。

フィードバック面談ではやはり、具体的にAさんの何がよくなかったのか、どんな改善ポイントがあるのかと、Aさんに焦点を当てて、事実に基づいて話をすべきです。

私も部下が納得するのに時間が掛かったケースは何度か経験していますが、ノートに部下の仕事に関する情報をたくさん記録しておいたので、どうにか納得してもらうことができました。

例えば「自分が課の中で一番仕事ができる」と思っている部下がいたことがありました。

確かにその部下は仕事はできるのですが、私が必要だと思うこと以外に時間を割いてしまい、「納期」に間に合わないことが多々ありました。

「後工程はお客様」という観点から見れば納期はとても重要ですが、その部下は「自分が必要だと思うことをすべてやることこそが仕事というものだ」と定義していたのです。

私は日々の業務を進める中で、いつ、どんな指示を出し、その結果がどうであったか、納期に間に合わなかったことで他部署を含めて周りにどんな迷惑を掛けたのかを記録していました。途中で納期について私が注意したことも書いていたので、それも話しました。部下からすれば事実を目の当たりにしたわけです。

納期の重要性とあわせて、仕事は一人でやっているのではないことや、組織として結果を出すことなどの重要性を説いて納得してもらいました。

やはり**事実は強い**のです。

なぜ私がここまで人事評価や面談に注力しているかというと、自分が部下だったときに、上司にそうしてほしいと思っていたからです。

評価される側にとってフィードバックは重要です。

自分が上司からどう見られているかに、人は非常に興味、関心を持っているものですから。

部下に「この上司の評価はいいかげんだ」と感じさせてしまったら信頼関係は崩れてしまいます。

また、面談には、上司として直接、部下と部下自身の話をすることでお互いの理解を深められるという利点もあります。面談をうまく活用できれば、面談後は同じことを伝えるのも短時間で済ませられるようになったり、仕事を部下にアサインした際のアウトプットの質を上げられたりする効果もあります。

また、部下の目標を期初に決めて期末に振り返るだけでなく、前述したように、日頃の声掛けや週1の会議など、できるだけ小まめに「振り返りの時間」を設けることが部下のやる気につながります。

人事評価関連の業務は忙しくなる時期が決まっています。大変な仕事ですが、管理職にとってとても大事な業務の一つですから、おろそかにしてはいけません。

45 部下の努力に報いる

ある程度、規模の大きな会社では、部の下に複数の課があり、部単位で複数の課全体の評価を見直す評価会議が行われている場合があります。

これは課長によって評価が甘かったり、厳しかったりするばらつきを部全体で調整するために行われるものです。

こうした部下の評価を決める評価会議でも、課長としての役割をしっかり果たすようにしましょう。事実に基づいて積極的に発言し、部下が正当な評価を受けられるようにするのです。

また、部下が高い目標を掲げて頑張り、結果を出せた場合は、その努力に報いましょう。

褒めたり感謝を伝えたりすることに加え、可能であれば人事評価やボーナス、昇進などで報いるのが理想です。

これは頑張った本人だけにいい影響を与えるのではありません。「頑張ればちゃんと報われる」という事実を、ほかの部下が目の当たりにすることで、課全員のモチベーションを上げられるという効果もあります。

46 部下を昇格させる

昇進するためには上司から推挙される必要があります。

推挙されたあとは、さらに上層部のメンバーで構成される「昇進会議」のような場で、誰を昇進させるか、今回は誰を落選させるかなどが議論されます。

新任の課長になれたあなたは、あなた自身の実力が高かったことに加えて、いい上司にめぐり合って、推挙されたからこそ昇進できたのです。

しかし、残念ながらどの上司に当たるかによって、部下が昇進できるかできないかに影響があるのは事実です。

人間関係に疎く、社内政治があまり得意ではない上司のもとでは昇進が難しいということがあり得ます。

なぜなら、昇進には部下個人の能力ややる気に加え、社内を説得し調整する力量が、推挙する上司には求められるからです。

最近は、上司個人の力量の差異を少しでも減らすために、推挙後の管理職候補者それぞれの評価を外部機関に依頼し、少しでも客観性を持たせるような取り組みをしている企業もあります。

例えば、管理職候補者を集めてチームに分け、あるテーマに対して自由に議論をさせるという取り組みもあります。そのような場での振る舞いや発言を外部機関がチェックし、会社の管理職にふさわしいか、必要な人材かを評価するのです。

こうした取り組みは客観性を担保するには有効ですが、数百万円単位のコストも掛かるので、実施する企業はまだ少数派です。

さて、上司であるあなたが部下を昇進させる立場になったときは、腕の見せどころです。

日頃から部下をしっかり観察し、部下の昇進を周りに説得するための事実を集めておきましょう。

大事なのは、その部下の昇進が、会社にどれほど高い効果をもたらすのかを説明できるようにしておくことです。

あなたは課長であり、会社側の立場になっています。

人間ですから、ある程度、人に対する好き嫌いがあるのは仕方がないにせよ、社内での発言は何より**「会社の利益になるかどうか」**を軸にすべきです。

また、「利益」は短期的、中長期的の両面で考える必要があります。

その部下の昇進が、すぐに会社の利益に直結することはまれでしょう。中長期的な目標や課題に対して、その部下が管理職になることによってどういう効果や有効性があるのかを周りに説明しましょう。


また、日頃から昇進会議などを取り仕切っているであろう部長層との信頼関係も重要です。


部下を昇進候補として推挙したあなたが信頼に足りない人では、そもそも推挙しても昇進会議の土俵に乗せてもらう前に部下が落選する可能性が高いです。

周りの課長や部長以上との良好な人間関係を構築し、「あなたが言うなら」と思ってもらえるようにすることが重要です。


そのためには、評価の直前に急に人間関係を構築しようとしてもうまくいきません。

日頃からの対話の積み重ねが効果を生みます。

あなたと上司の普段の人間関係構築がここでも非常に大事になります。

47 「適切な褒め」でやる気を活性化させる

褒められるのが嫌いな人はいません。

人は褒められたとき、脳内である部分(「線条体」)が活性化することがいくつかの実験で分かっています。

線条体は、実際に快感を伴う行動をしているときのほか、その行動によってごほうび(快感)が得られると予測したときに最も活性化するという性質があり、褒められることは「自らを認めてもらえた」という原始的な快感をもたらしているともいえます。

そして、この線条体は、金銭的報酬を受けた際に脳で活性化する部位と同じなのです。つまり**「褒める」のは、金銭報酬を与えるのと同じくらい、やる気を活性化さ**

せるということです。

しかし、留意すべきことがあります。それは「適切に」褒めること。せっかく褒めたのに褒めるポイントが適切ではなく、部下に「え？　そこを褒めるの？」と思われてしまったら、部下にとっては理解を得られた、分かってもらえたという高揚感にはつながらず、報酬にはなり得ません。むしろ「適当に褒めればいいと思っているのでは？」と不信に思われて信頼関係を損なうリスクすらあります。

加えて、上司と部下との人間関係をある程度構築できているかも重要です。もしあなたが、よく知らない相手から褒められたらどう思うでしょう？　その褒め言葉を素直に受け止められないこともあるのではないでしょうか。

部下との日々のあいさつや声掛け、観察による質問を通じて良好な人間関係を構築したうえで褒めどころを押さえて褒める。それが肝要です。

48 不満を対話のきっかけにする

そもそも部下というのは、どんな上司に対しても不満を持つものだと心得ておきましょう。

なぜなら不満とは、自分が（勝手に）抱く期待と現実のギャップに対して起こるものであり、それがなくなることはないからです。

部下が上司に対する不満を感じたときにどうするかという調査があります。調査結果（＊）によると、約6割の人が「我慢をする」「仲間と愚痴を言う」ことで、その不満を抑えこもうとすることが分かっています。つまり、**不満を直接上司に伝える人は少数派で、ちゃんと伝えてくれる部下は「もっとこうだったらいいのに」という改善への期待や組織に対するコミットメントが強い人**です。

不満といいながら、実は組織に対して前向きなコミットメントをしているということであり、これは見逃してはいけません。

そうした小さな不満を言われたときには、無視したり、流したり、適当に反応したりするのではなく、なぜそういう不満を言われたのか、どうしたらいいと思うかについて、部下と対話する機会にしてください。自らのリーダーシップを発揮し、組織をより活性化するチャンスになるはずです。

＊九州大学学術情報リポジトリ「看護婦の不満対処方略，勤続年数および婦長のリーダーシップとの関係」山浦一保（広島大学生物圏科学研究科）、黒川正流（広島大学総合科学部）、関 文恭（九州大学医療技術短期大学部）「九州大学医療技術短期大学部紀要」27、pp.69－76、2000－03

49 不満を生かすために4つのToDoを実践する

これまで見てきたように、不満とはむしろ物事に真剣に取り組むからこそ生まれるもの。決して否定すべきものではありません。

組織のために不満を有効に活用するためにはポイントが4つあります。

❶評価とフィードバックは「成果」に基づいて行う

上司の好き嫌いや年功序列などの成果以外の要素で評価が決まってしまう制度や風土がある場合は、その制度や風土自体が部下にとっては不満になり得ます。その不満を上司に伝えることは部下にとってリスクでしかありません。会社の人事評価制度をすぐに変えることは難しい場合でも、**部下に成果に基づいた評価とフィードバックを行う**ことで、部下の不満を少しでもやる気に変えることができます。

❷明確な役割やミッションを与える

部下1人につき1つの役割、もしくはミッションを明確に与えることが重要です。「あなたのこの面を生かして、これをやってもらいたい」と期待し、評価につなげる環境をつくることで、部下に「これが私のやるべきことだ」と時間やエネルギーを注いでもらえるようになります。その結果として、仕事への満足度も上がるはずです。

❸「リスクテイクしても大丈夫」と思える職場づくりをする

上司に不満を伝えるには心理的安全性が欠かせません。「わざわざ言いにくいことを言ってくれてありがとう」というやり取りを成り立たせるために、常日頃から対話をし、信頼関係をつくっておきましょう。

❹上司と部下の仕事の志向性を理解する

（**「37　部下に仕事を振るために3つの前提条件を肝に銘じる」**参照）上司には「気弱タイプ」、そして、部署の目標を達成することを優先して自分でやってしまう「目標達成優先タイプ」があると紹介しましたが、部下も「仕事の進め方の志向性」を軸に、上司と同じように2つのタイプに分けることができます。

（参考：『武器としての組織心理学』山浦一保著、ダイヤモンド社）

❹について、さらに詳しく説明します。

上司と部下のタイプがマッチしていれば不満は減るでしょう。しかし、例えば上司が「目標達成優先タイプ」で、部下が「気弱タイプ」だった場合は、上司から見れば部下がなかなか報告を上げてくれないために不安になったり、信頼できないと感じたりするはずです。

逆に上司が「気弱タイプ」で、部下が「目標達成優先タイプ」の場合は、部下が仕事を勝手にどんどん進めているように見え、上司は「私にはあの部下を管理できない」と悩むでしょう。

どちらの場合でも、上司として部下がどうしているのか分からないということが共通した課題となります。

こうした課題を解決するためには、日頃から「部下との対話」を増やす必要があります。

まずは上司である自分が何を気にしているのか、何を心配しているのかを部下に率直に伝えましょう。

愚痴を言うのではなく、「この状況を変えなければ、課の目標を達成できない」「あなた（部下）の状況が分からないと有効な支援ができない」など、リスクを具体的に伝えます。

そのうえで、例えば部下と1対1で報告する定例会を1カ月間、もしくは週に1回行うといった施策を提案してみてください。

この期間を「3カ月」ではなく、「1カ月」と短めに設定することで、部下は「1カ月なら頑張れそう」と同意しやすくなります。

実際はもっと長い期間継続するのが理想です(例えば3カ月や半年など)。

その結果、お互いを理解することができ、部下からも報告会のタイミングに合わせて仕事を進められるようになります。

仕事の状況が把握でき、信頼関係を構築できたと思ったら、この報告定例会はいったん終了して構いません。部下が継続したいと提案してきた場合は、さらに続けてもいいでしょう。

50 感動を細部に宿す

これまで、人事評価やフィードバックにおいて私が大事にしていることをお伝えしてきました。

さてこの章の最後に**「感動は細部に宿る」**という言葉を伝えたいと思います。

これは、どうすればこちらの真意や熱意を相手に伝えることができるかを私なりに考えていたときに考えついた言葉で「相手の期待を少し超えることで、相手に感動として伝えられる」という意味です。

いくら伝えたい思いがあっても、相手にその思いが伝わらなくては意味がありません。私は、ひと手間を掛け、細部まで気を抜かずに取り組むことこそが、相手の期待を超えるものを生み出し、思いが伝わって感動につなげられると考えています。

フィードバック面談を例にしてみましょう。

部下に「こんなところまで自分を見てくれているんだ」と思ってもらうようにするためには、普段から部下のことをしっかり観察して気付いたことを記録しておくことが必要になります。

記憶という曖昧なものに頼るのではなく、そこに「観察」と「記録」というひと手間を掛けることで部下の期待を超えるのです。その結果、あなたへの信頼は増し、ファンになってもらえる可能性すらあります。

あなたが評価した内容を、部下本人は「あれ、私はそんな仕事をしたっけ？」と忘れてしまっているかもしれません。しかし、それを上司がしっかり見て、覚えておいてくれたことに部下はきっと感動するはずです。

また、部下が期待を超えて何かをしてくれたときにも、ちゃんと感動を伝えたほうがいいです。例えばプレゼンの準備が十分になされていたとき、「よくここまで準備しましたね」と一言添えるのです。こうした細部を大切にすることが強い信頼関係につながっていきます。これが、よりよいチームづくりにつながっていきます。

シーン
7

業績が上がったとき、落ち込んだとき

再現させる工夫、再現させない工夫

51 チームの業績が上がったら再現性を考える

チームの業績が上がったら素直に喜び、部下それぞれが果たしてくれた役割へのフィードバックを行いましょう。せっかくなのでさらにやる気を出してもらうきっかけにするといいと思います。

例えば特に活躍してくれた部下をみんなの前で褒めてみるのはどうでしょうか。「いいことはみんなの前で、悪いことは個別に」です。

しかし、「今回はたまたま業績がよかっただけ」というスタンスで、もろ手を挙げて喜んでいるだけでは次につなげられません。いいことをその後も再現できるように働きかけましょう。

なぜ業績がよかったのか、そのやり方はほかの部下にもできることなのか、市場環境が変わっても再現できるのかなど、課全体の財産にできるように要素を分解して、課の中で展開してください。

成果を上げた部下に、なぜうまくできたのかを発表してもらってもいいと思います。ただし、事前にその発表内容を確認して、課長として課全体にいい影響を与えられるよう働きかける必要があります。

52 チームの業績が落ち込んだときは、原因を分析して手を打つ

仕事ですから、苦しい時期は必ずやってきます。ただ、そんなときにリーダーが状況を傍観していてはいけません。課の取り組みが会社や部の目標からずれてしまっている可能性があり、対策を立て直す必要があります。

業績がいいときは再現性を重視しますが、業績が落ち込んだときは、その逆です。業績悪化を再現させないように手を打つ必要があります。

何が理由で業績が落ち込んでいるのか、悪い状態は今後も続くのか、業績の低下を止めるためにはまず何をしなくてはいけないのかなど、原因をしっかり分析します。

ここで注意すべきは、市場環境のみのせいにしないことです。他責にしてしまっ

ては課の財産になりません。何か自分たちでできることはないのかと、課の問題として認識して取り組むのです。

以前、在籍した会社では、なんと社長が（！）業績低下の理由を市場のせいにしていたことがありました。

市場のせい、つまりは他責ですので自分たちでは何の工夫もしません。その結果、対策が後手後手に回り、そのときの業績は回復するどころか落ち込みを止めることができませんでした。

他責ではダメなのです。

往々にして他責にして傍観したくなりますが、それでは管理職として失格です。

シーン8

上司に提案する

自分というより、上司を会社に貢献させる

53 会社に貢献するための自分なりのアイデアを考え、プレゼンする

せっかく「会社を経営する側」の課長になったのですから、会社への提案を考えてみてはどうでしょう。

部下たちが日々の仕事をミスなくこなすように管理するだけでなく、**会社にさらに貢献するためのアイデアを会社側に伝える努力をしてみる**のです。

「25 毎朝『昨日やったこと』『昨日見つけた課題』『今日やること』をノートなどに書き出す」ことによって、自分時間を確保して業務の改善案や新しい企画の種などを考えていれば、きっと何らかのアイデアが生まれてくるはずです。

アイデアをつくり出すためには現場をしっかり観察することが大事です。

特に一メンバーから課長になって日が浅く、まだ新鮮な目を持っている間に、疑問に思ったことや不思議に感じたことを忘れないようにメモしておきましょう。これが新しいアイデアのヒントにつながります。

新規事業の提案といった大きなアイデアだけでなく、社内申請書のフォーマットを改善するという提案や会議の改善案などでもいいのです。A4用紙1枚程度の分量で、企画のタイトル、提案の内容、効果などを分かりやすくまとめ、上司に提案してみてください。

こうした企画案は1度のプレゼンでダメ出しをされてもへこたれる必要はまったくありません。「最初から簡単に受理されるほうがどうかしている」くらいの気持ちで臨んだほうがいいです。

ただ、上司からのフィードバックには耳を傾け、上司はどこが問題だと思うのか、もしくはなぜ関心を持ってもらえなかったかをよく考えてみることが大事です。一メンバーの視点より高い「会社を経営する側」に立った企画になっているかという視点でアイデアをブラッシュアップし、何度でも提案してみてください。

「会社に貢献したい」という気持ちが本物で、企画がいいものになっていけば、いつかきっと実現されます。

企画が通り、会社が少しずつ変わっていく光景を目の当たりにすれば、ますます仕事が面白くなっていきます。

「会社を経営する側に立つ」とはまさにこういうことだと実感できるはずです。

54 企画書をA4用紙1枚にまとめる

上司は多忙であるということを常に肝に銘じておきましょう。

どんなにいい企画でも何十ページもの企画書を提出したら「こんなに読めというのか？」と言われるのが落ちです。

どうしても企画書の枚数が多くなってしまう場合は、「サマリー（要約）」と称して、企画の要旨をA４用紙１枚に読みやすくまとめ、表紙の次のページに入れておくことをおすすめします。サマリーをダラダラ書いてはいけません。

【企画書のサマリー】
☑企画タイトル
☑何をするのか
☑目標や効果数値
☑いつまでに実施（効果発現時期）

右の4つのポイントを押さえて、端的に要約しましょう。

図や表など、視覚情報を加えるとさらにいいです。分子発生生物学者のジョン・メディナ氏によると、文字だけで見せられるよりも、視覚情報があったほうが6・5倍、記憶に残りやすくなるという調査結果があります。

サマリーページで上司に興味を持ってもらえれば、ほかのページに目を通してもらえる可能性が上がります。

55 自分がやりたい企画ではなく、上司が会社に貢献できる企画を考える

アイデアを提案するときは、あなたが個人的に実現したい企画ではなく、会社に貢献できる企画を考えることが大事です。

あなたが会社で過ごす時間は、あなたの時間であると同時に、会社のために費やす時間でもあります。会社から給料をもらっているので当然のことですが、これは案外忘れがちです。

仮にあなたが個人的に実現したい企画で、かつ会社に大きく貢献できるものだと説明できれば、あなたにとっても会社にとってもいい企画だといえます。

また、**その企画を実現することによって、上司に対する社内の評価が上がる**かどうかも大事なポイントです。

見方を変えれば、自分がやりたいことを上司を「使って」実現すると思えばいいのです。

企画の賛同者として、上司をうまく使いましょう。

56 「マジック接続詞」をうまく使う

忙しい上司にとって、たとえA4用紙1枚の企画書でも読む余裕がないことはざらにあります。

まずは「○○さん、相談があります。この企画なんですが……」と上司に声を掛けてみてください。「どんな企画？」と聞かれたとき、次に紹介する「マジック接続詞」を使って話すのがポイントです。

ただでさえ忙しい上司にダラダラ説明していては、十分に話を聞いてもらえず、企画の意図を伝えることができません。

マジック接続詞は上司が抱く疑問に端的に答えるものです。

上司は主に次の4つの疑問を抱きます。それは、

「結局、何が言いたいの？」

「どういうこと？」

「大事なことは？」

「ほかには？」


です。ここで登場するのがマジック接続詞です。

❶「結局、何がいいたいの？」には、要約するために**「つまり」**や**「要するに」**を使う。
❷「どういうこと？」には、深掘りするために**「具体的には」**や**「なぜなら」**を使う。

❸「大事なことは？」には、強調するために「大事な点は」や「ポイントは」を使う。
❹「ほかには？」には、視点を変えるために「ほかには」「もし」を使う。

上司の疑問に対して、一言で説明できるかどうかが成否の分かれ道です。

57 上司が機嫌のいいときに企画を伝える

企画の話を聞いてほしいときは、できるだけ上司の機嫌がよさそうな条件が整うタイミングを見計らうことがポイントです。

午前がいいのか、午後がいいのか。夕方だと疲れていてしっかりと聞いてもらえないかもしれません。

また、上司が仲のいい人との面会から帰ってくるタイミングや、いい報告が上がってくる会議のあとのタイミングなどが事前に分かったら、すかさずその直後にアポイントを入れるのがおすすめです。

上司の機嫌によって企画が通るか、通らないかが左右されることに理不尽さを感じるかもしれませんが、上司も人間なので、そこは理解したうえで臨みましょう。

58 上司は「偉い人」ではないと心得る

上司は「偉い人」ではない、というとビックリされるかもしれませんが、これは本当のことです。

組織の中でたまたま上司と部下という位置付けにあるだけで、そこにはどちらが偉い、偉くないという意味合いはありません。

評価者と被評価者という側面は否定できませんが、ただそれだけのことです。

偉い人と思ってしまうと「使い」づらいですが、あくまで位置付けの違いにすぎないことを認識しましょう。

つまり会社に貢献するために、上司の力を借りたいときには借りていいのです。むしろ、会社のためであれば積極的に借りる必要があります。あれもこれも依頼してばかりというのはいただけませんが、ここぞというときには「上司は便利に使うもの」と心掛けましょう。上司はあなたを助けるために存在します。

逆に言えば、自分だって部下より偉いわけではありません。課長だからといって偉ぶる人も少なくありませんが、偉そうに振る舞っても何一ついいことはありません。

自分も部下にうまく使われるくらいの気持ちでいましょう。

部下は上司をよく見ているものです。

偉ぶることなく「部下に積極的に使われよう」という姿勢の上司であれば、部下も信頼を寄せてくれるのではないでしょうか。

シーン9

トラブル予防&対応
現状を把握し、すべき謝罪は全力で

59 部下にコンプライアンス面の啓発をする

近年、コンプライアンス違反になるような写真やメッセージをＳＮＳに投稿してしまう事例がニュースになることがありました。投稿する本人たちは気軽にやっていても、その影響は想定を超える場合があります。

興味本位の投稿により、会社が大損害を被るだけでなく、影響が長期化する事例は記憶に新しいところです。回転ずしチェーンやコンビニの事例など枚挙にいとまがありません。

「大難を中難、中難を小難、小難を無難にする」という言葉を聞いたことがあるでしょうか。

何のトラブルに見舞われることもなく仕事ができればいいですが、なかなかそうはいきません。

トラブルにつながりそうなこと（リスク）を事前に把握し、トラブル発生を未然に防ぐこと。加えて、何か事件が発生しても大きなことにならないようにすることを「リスク管理」といいます。

リスクというのはまだ問題が水面下にある状態で、これが水面から顔を出すとトラブル発生ということになります。

私は外資系コンサルティング企業勤務時代に、この「リスク管理」をたたき込まれました。

想定できるリスクを事前にできるだけ洗い出し、それが水面に上がってこないように予防策を講じるのです。

リスクそれぞれの発生可能性を「大、中、小」として、また、リスクがトラブルとして顕在化してしまったときの影響も「大、中、小」として分類しておくのです。特に注意すべきは「起きる可能性が大で、影響が大」というものです。


コンプライアンス違反というのは「可能性も影響も大」のカテゴリーに入る大きなリスクの一つです。

部下が何か問題を起こしてしまった場合、「管理不行き届き」として上司である自分の責任になってしまいます。

ですからコンプライアンスに関する最低限の知識は、本などを読んで勉強しておいたほうがいいでしょう。

あわせて、社内にコンプライアンス担当がいるのなら、社内外でよく起きる従業員によるコンプライアンス違反の事例について教えてもらい、どういう対策を施しておくべきか理解しておくことも大事です。

そして部署内の会議や勉強会などを通じて、部下に啓発することを忘れてはいけません。

そのときこうすべきという「べき論」だけ話しても、部下はなかなかレセプターを開いてくれないもの。毎回、最新の事例（どんな事件が起こり、事の顛末《てんまつ》はどうなったか）を織り交ぜながら、自分事として聞いてもらうための工夫が必要です。

60 トラブルが起きたら、まず冷静に現状を把握する

私が仕事をするうえで意識していることがあります。

それは、**「慌てず、騒がず」**ということ。

これを仕事上で、すべてにおける基本姿勢にしています。

仕事に限らず、人生では想定外のことがたくさん起こるものです。そのたびに、

慌ててバタバタしたり大騒ぎしたりしていると、それによって二次災害、三次災害が発生し、さらに被害を大きくしてしまう可能性もあります。

それでは後始末のための仕事が増えるだけで、誰も幸せになりません。

だからこその「慌てず、騒がず」なのです。


特にトラブルが発生したときはなおさらのこと。

そんなとき、私はまずは自分に「落ち着け」と言い聞かせます。そして必要に応じて大難を中難、中難を小難にする対策を実施します。

相手があることであればその人に連絡をする、現在分かっている内容の一報を上長に伝えるなどです。初動と並行して、常に慌てず、騒がず、冷静に現状を把握していきます。


私がトラブル発生時によくやることがあります。それは関係者を会議室に集めて対策を話し合うことです。

起きていることや想定される被害、原因などを、関係者からヒアリングして、ホワイトボードに一覧化していきます。

全体像が見えると、あなた自身も少し安心できると思いますが、同時に関係者も落ち着きます。

個別の事象があちこちで同時発生していると先が見えず不安になりますが、とにかく情報を1カ所にまとめ、その情報が見える状態にし、全体像を把握することで冷静さを取り戻しましょう。

少し気持ちを落ち着けたところで、原因への対応策を講じ、関係者に指示し、自分も必要なアクションを起こしていきます。

会議の終わりには、「次は2時間後にこの会議室に集合して進捗を確認します」などと具体的な期限を伝えることで、指示を受けた部下が、それを最初の納期だと認識し、そのタイミングに向かってまい進できるようにしましょう。

61 トラブルが大きくなる前に手当てする

管理職になると、一メンバーだったときとは比較にならないようなトラブルに出合うはずです。

それまでは自分が原因か、もしくは自分と多少関わりがある人たちのトラブルに連鎖的に巻き込まれるくらいだったものが、部下の人数分だけ掛け算でトラブルが増えていくので当然です。

トラブルが発生したら、まず初動が大事です。

ここでも「慌てず、騒がず」を基本に対処しますが、そのトラブルがそれ以上大きくならないように初動を起こすのです。

自分を落ち着かせたあと、その時点で分かっている内容を上司に一報します。

その際重要なのは、**正直に現状を報告すること、隠さないこと**です。初動時に正確な情報があれば上司も安心しますし、アドバイスや指示をしやすくなるでしょう。あとから新しい情報は次々に出てくるでしょうが、第一報は非常に大切です（しかし、ちょっとしたコツもあります。詳しくは**「65 上司にトラブルを報告するときのポイント」**をお読みください）。

また、そのトラブルが相手のいることであれば、原因がどちら側にあるかどうかは関係なく、「ご迷惑をお掛けし申し訳ありません」という一言を忘れてはいけません。そういった丁寧かつ誠実な対応が大難を中難、中難を小難に変えていくのです。そして、相手にも適宜状況を報告します。

特にお客様との間のトラブルは、トラブルになってしまったにもかかわらず、初動の対応次第では逆にファンになってもらえることもあります。

トラブルをうまく解決できた場合、トラブル発生前よりも相手の満足度が上がる可能性があるのです。

相手もトラブル発生時は怒っていても、何とかしてほしいという気持ちが最も大きいはずです。

だからこそ、始めの段階できっちり対応して何とか解決できれば、逆に「すごいね」と満足してもらえるというわけです。

トラブルはないに越したことはありませんが、仕事をする以上、まったくトラブルがないことのほうが少ないでしょう。

トラブルが大きくなる前に手当てをすることは本当に大事です。

62 トラブル相手に直接会うときに注意すべきこと

トラブルが発生し、お客様や取引先などトラブルの相手に直接会わなくてはならないことがあります。電話やメールで済ませたいと思うかもしれませんが、直接会ってお互いの顔を見ることで、誤解が解けたり、理解が進んだりして、事態が一気に解決に向かうことはよくあります。

トラブル相手と直接会うときにいくつか注意すべきことがあるので、私が実際に経験した事例を踏まえて説明したいと思います。

私がある会社でeコマース事業のマーケティング責任者に着任したときのことです。その会社がeコマース事業を開始してから数カ月が経過していましたが、システムや仕事のプロセスの不具合を解消できていませんでした。

その部署にはお客様相談室があり、私はその責任者も兼務することになりました。着任後、担当者からさまざまな業務説明をしてもらったときに、ある「面倒なお客様」について説明を受けました。

お客様相談室のスタッフがマニュアルに従って対応しているのに、お客様が難癖を付けてくるというのです。

そのトラブルは未解決のまま、既に半年以上が経過していました。

私は「何かがおかしい」と思い、**電話で直接そのお客様に連絡**をしてみました。

「またエライ人が変わったんですか。もう話は十分しているから改めて話すことはありませんよ」。そう言われて、私はお客様の自宅がある山口県に直接伺うことにしました（当時の私の勤務先は東京でした）。

空港からお客様の自宅近くまで車で向かい、約束の時間の**2時間前には、そばにある駐車場で待機。時間に遅れることだけは絶対に避けなくてはなりません。手土産やこれまでの対応経緯の資料**などを準備したうえで、**どういう段取りで、どのように話をするのかを注意深くシミュレーション**しておきました。その際、自分が**言いたいことを言うのではなく、相手が言いたいことをできるだけ言っていただくこと**に主眼を置きました。

さて、**約束時間の5分前。**いよいよ玄関のチャイムを押しました。相手が出てきます。

私がとっさに取った行動は、土下座でした。

最初からやるべきだと考えていたので、狭かったですが玄関のたたきで土下座し、**まず謝りました。**

相手は恐縮した様子で家の中に入れてくださり、これまでの経緯や不満を一通り話されました。また今回の私への対応に、感謝も口にされました。

遠方にお住まいのお母様へ誕生日プレゼントを送りたかったのに、当時の私の勤務していた会社の都合で商品が送れなかったことと、それに対するマニュアル然とした対応に失望されていたとのことでした。

それでも直接話ができたことで納得いただき、**お母様の翌年の誕生日には会社が費用を負担することを約束**し、東京への帰路に就きました。

お客様との対話に掛かった時間は約15分。この会社は半年間、一体何をしていたのか、役に立たない顧客対応マニュアルに何の意味があるのか――などさまざま考えさせられましたが、いろいろな収穫もあり、帰社後数々の改善に着手しました。

トラブル相手への対応のポイントは216～217ページの、文中に太字で示しました。さらに補足しながらまとめると、以下の6つになります。
相手も人間ですから、誠実に対応すれば何とかなるケースはたくさんあると思います。

❶ トラブル相手とは電話で直接話すこと

❷ 直接会って謝罪する場合は、約束の時間に絶対に遅れないこと

私は飛行機が遅れることを想定し、現地に約束の2時間前には到着するように準備していました。前泊してもいいと思います。

❸ 手土産は必要

例えば東京から東京以外の場所に赴くのであれば、東京限定や、東京らしさが伝わる和菓子やスイーツなどを選ぶといいと思います。

相手の年齢にもよりますが、好みが分かれそうなものは買わないのが無難です。相手の年齢が分からないときは和菓子をおすすめします。3000～5000円程度の高価すぎず、かといって安いものとは思われないものを選ぶといいでしょう。

❹まずは何を差し置いても謝る

土下座までする必要はありません。

❺これからの対応を話し、実行を約束する

❻早く、誠実に対処する

今回の件は完全にこちら側の落ち度であり、解決に相当な時間を要していました。相手もこちらの社の対応にあきれ返っていましたし、諦めてもいました。

最初に訪問したいと伝えたときは「来なくていい」と言われたのですが、「どうしても直接謝罪したい」と無理にお願いした経緯があります。

「当日ご不在でも構いません」と、一応訪問予定の日時をお伝えしたのです。結果として直接謝罪することができましたが、もしご不在であったら、手紙（これも事前に準備しておきました）と手土産を置いて帰るつもりでした。

どこまで誠意が伝わるかは本当のところは分かりません。それでも誠意を伝える努力は怠るべきではないと思うのです。

63 トラブルを課のメンバーに共有する

課のメンバーが失敗をしてしまったときは、課全体でフォローすべきです。連帯責任という意味ではなく、チームとして取り組む必要があります。

その場合、社内外の誰かにフォローをお願いしなくてはいけないこともありますが、そのときはきちんと**こちらの状況を説明し、感謝を伝える**こと。さらに、協力してもらったあとにも、改めて「ありがとう」の一言を忘れないように。「協力してもらって当たり前」という横柄な態度では、次に同じような事態が発生したときにはもはや協力してもらえません。

また、同じ課のほかのメンバーにも、なぜトラブルが起きてしまったか、原因は何かなど、再発防止の意味も込めて隠さず説明したほうがいいでしょう。失敗を課全体の財産として、次に生かしていくための取り組みをするのです。

64 「仕事憎んで、人を憎まず」で部下をフォローする

トラブルを起こしてしまった部下への対応の大前提も、**「仕事憎んで、人を憎まず」**です。何かトラブルが発生しても、そのトラブルは憎んでも、トラブルを発生させた人や関係者は憎まないということです。人格否定につながるような対応は最も避けなくてはならないことの一つです。

トラブル発生時は、課長のあなたがトラブルとそれによって受ける影響を引き受ける姿勢を見せます。部下を一人にさせない態度を示すことで、部下を安心させるのです。

トラブルは解決すれば終わり、ではありません。

次につながる具体的なアクションをリーダーとして進める必要があります。なぜトラブルが起きてしまったのか、原因は何かなど、再発防止のために必要なことは何かを考え、課として、ひいては会社全体の財産にするつもりでアクションをリードしていきます。

実施する内容や結果を隠さずに説明、分析し、共有する（前向きなものにする）ことで、次につなげていきます。

もし課長であるあなたの過去の失敗談があれば、それを部下に話すなども有効でしょう。失敗談の共有は、親近感を与えるだけでなく、安心感の醸成にもつながり、課内の人間関係強化にも一役買います。

65 上司にトラブルを報告するときのポイント

上司へのトラブル報告は要注意。もし自分が焦っているようであれば、少し気持ちを落ち着けてから話をしましょう。**「61 トラブルが大きくなる前に手当てする」**でも、上長への報告の重要性、特に初動時の報告がキーになるとお伝えしました。ここでは同じ報告内容が、伝え方によっていかに異なる印象を上司に残すかについてお伝えします。

伝えるときに最も重要なのは言い方です。

私がいつも意識している言葉に**「100倍の法則」**というのがあります。

これは、加害者が1と思っていることも、被害者はその100倍に感じているというもので、いい話と悪い話を比較すると、悪い話のほうが大きく伝わることを意味します。

例えば「この製品には90%のユーザーが満足しています」というのと、「10%のユーザーが不満を抱えています」というのを聞いたら、どう感じますか？ 内容は同じなのに、後者のほうがネガティブさがより目立って伝わらないでしょうか。

つまりトラブルを報告するとき、上司はトラブルの第一報を「悪い話として聞く」ので、よりネガティブに伝わるだろうという前提に立つ必要があります。

では、事実をどう伝えればいいのでしょうか？

ことの顚末すべてを伝えるのではなく、ある程度ポイントを絞って伝えるのが肝です。

別の言い方をすれば5W1Hを押さえること、かつ「マジック接続詞」（**「56『マジック接続詞』をうまく使う」**参照）を使って伝えるということです。

もちろん嘘をついてはいけませんが、起きたことを全部伝えることを優先するよりも、**上司が知りたいことに焦点を当てて伝える**のです。

上司も忙しいので全部は聞きたくないでしょうし、「原因は分かっているんだな？」「いつまでに対処するの？」「一番優先すべきものは何？」ということが分かればいいのです。

また「いつまでに○○の対処をします。その結果は改めて1週間後に報告しますのでお時間をいただくかもしれません」と伝えることで安心してもらえるはずです。

そして1週間後にまた報告すること。

こうして少しずつ信頼を築けるとトラブルの際にも落ち着いて聞いてもらえ、いずれは「ああ、いいよ、そこに報告書を置いておいて。どうせちゃんとやっているんでしょ」と言ってもらえるようになるはずです。

このように課長になってから最初の1年は特に、上司としっかりとした信頼関係を築いていきましょう。

シーン
10
ハラスメントとメンタルヘルス対応
状況別の対応方法

66 部下から「パワハラだ」と言われたら

世代により、ハラスメントと感じる事象は変わります。

上司が「これぐらい問題ない」と思っていても、部下からはハラスメントと思われることもあるでしょう。

さて、もし部下に「パワハラ」だと言われたらどうしますか？

あなたに思い当たることがあり、直接話ができる状態（個人面談など）であれば、部下がパワハラだと感じた事実を傾聴し、不快と恐怖を与えてしまったことを認めて謝ることが必要です。しっかりと傾聴し、謝罪したあとで自分の意図を説明します。

また、部下と直接話ができない状況であれば、その部下と親しい社内の人にヒアリングしたり協力を求めたりして、今後の対応策を検討することも必要でしょう。

加えて、必要に応じて自分の上司や産業医に相談することも検討すべきです。

そして、以後同じことを繰り返さないように、社内外の研修を受けたり、本を読んだりして知識を身に付け、振る舞いを改善しなくてはなりません。

パワハラは重要な問題であり、パワハラと訴えられることによって、あなたのこれからのキャリアが大きく左右される可能性があるのです。

よくよく留意して、事前にリスクを意識し、準備、対応すべきです。

67 部下同士のトラブルを解決する

上司が部下同士のトラブルに気付かないことは多いと思います。

トラブルの理由はさまざまでしょうが、そのトラブル解決に上司が動く必要がある場合もあります。原因にもよりますが、あなたの課員への対応が、ある特定の部下へのえこ贔屓になっていないかなどを振り返ってみてください。

承認欲求はどんな部下にもあります。

あなたは上司であり、部下を承認する側になっていることを改めて認識してほしいのです。

部下の中に「認めてほしいことを認められていない」「信頼されていない」という上司への不満が募り、それが何かのきっかけで部下同士のトラブルに発展するケースは多いと聞きます。

また小さな組織であればあるほど、あなたと部下一人ひとりの距離の違いが浮き彫りになり、それがトラブルを引き起こす要因になっている可能性があります。

特にあなたから距離がある部下は、あなたにそのような意図がなかったとしても、疎外感を抱いている可能性があります。

それぞれの部下と個別に話を聞く機会を増やし、部下とあなた、部下同士の人間関係がなるべくフラット（それぞれが適切にケアされていると感じられる距離感）になるように働きかけましょう。

「適切な距離感」とは、安心感もあり、適度な緊張感もある状態です。

フラットな人間関係になるように努めるべきですが、距離が近くなりすぎると今度はそれがお互いのストレスになり得ます。

フラットな関係といっても友達ではありません。

部下にとって、あなたは「何でもやってくれる存在ではない」ということを伝える必要があります。

相談に乗ったり、アドバイスをしたりはするけれど、友達ではないと、しっかり線を引かなくてはなりません。

部下の性格や価値観によっては、その線引きを快く思わない人もいるかもしれませんが、我々は仕事をしているのであって、仕事をやり遂げるための仲間として同じ職場にいるのです。だからこそ、多少のドライさを持ち合わせておくことが必要です。

また部下が異性の場合であっても、それぞれの部下の特性に応じて対応することには変わりません（**「35 部下のタイプを知り、効果的な声掛けをする」**参照）。加えて、論理的な説明を好む部下の場合は論理的にはっきり伝える。共感を好む傾向が強い部下の場合は、相手に共感しつつ、分かるまで丁寧に繰り返し伝えるなど、部下の特性のグラデーションに応じて「この人の場合はどうするのが一番いいか？」を考えて対応しましょう。

68 年上の部下に反抗されたら

年上の部下との間で何かしらのトラブルが発生した場合、まず、部下が何をどう感じたのかという事実をしっかり傾聴します。

年上の部下は経験と知見を持ち合わせていることが多く、経験がある分、高いプライドがあることは理解しておく必要があります。

そのうえで傾聴し、もし不快や不満を与えてしまったのであれば、その点を認めて謝ることが必要です。

傾聴して謝罪したあとで自分の意図を説明します。あなたの考えややり方、なぜそのように考えているのかなどをこの機会に伝えるのです。

部下とはいえ年上ですので、納得すれば、むしろこちらを頼りになる上司として認めてくれるでしょうし、積極的に協力してくれるようになる可能性は高いです。

また、あなたからは相手へのリスペクトポイントや得意なところ、強みなどをしっかり伝え、改めてあなたが部下にやってほしいと考えている明確な役割を与えます。

「あなたにしかできない」という形で丁寧に依頼し、働きかけてみましょう。プライドがある分、壁はありますが、その壁を乗り越えてしまえば、最も理解し、サポートしてくれる部下の一人になるかもしれません。

それでも、年齢を理由に強く出てくる部下がいるかもしれませんが、気にする必要はありませんし、ひるむ必要もありません。伝えるべきことをしっかり伝えるためなら、こういった場合は語気を多少強めにすることも効果的です。

大事なことは、相手の人格を否定するのではなく、あくまでもリスペクトしているという姿勢を変えないことです。

69 部下の状況の変化に対応する

部下から「異動したい」「転職したい」「産休・育休を取得したい」「休職して留学したい」など、休業を申請されたり、今後のキャリア変更や業務継続が困難だと相談されたりしたらどうすればいいでしょうか。

まず、会議室など、閉じた空間で話しやすい環境を準備し、部下の話を受け入れる姿勢を見せ、上司として応援するというスタンスで話を聞くようにしましょう。なぜそう思うようになったのか、心配事はないか、今後のキャリアについてどんな展望や希望を持っているかをヒアリングし、必要な支援を惜しまないことを伝えるのです。

異動や転職に関して、もう意志が固く、次の一歩を踏み出すことを決めてしまっている場合は「応援する」というスタンスで臨みましょう。

まだどうしようか悩んでいる場合でも、基本的には傾聴する姿勢で臨みます。あなたが何かアドバイスをしようと意気込むと逆効果になるかもしれません。部下にアドバイスを求められたり、支援が必要だと言われたりした場合は別です。

産休・育休などは、会社の制度があればその内容を伝え、もしあまり詳しくなければ少し時間をもらって総務や人事などに確認し、この機会に会社の制度を理解しましょう。留学なども同じで、会社に制度があればアドバイスをします。

異動や転職を考えている場合も制度の確認については同じですが、産休・育休、留学とは異なり、会社からその部下が離れることになってしまうので、有能な人材であればあるほど、どういう態度を取るかは悩ましいところです。でも、これも基本は傾聴し、応援するスタンスがいいと思います。

最近は「出戻り転職」、つまり、同じ会社にまた戻ってくるケースも増えています。だからこそ、他社に転職して、外を見て成長した社員が戻ってきてくれるかもしれないという姿勢で、退職しようとしている社員を応援するのです。

働き方や雇用のあり方もどんどん変わっています。一時の感情で、その後の可能性を失うことがないようにすべきです。

70 「部下のメンタルヘルスケアは最大のリスク管理」と心得る

部下のメンタル面をケアすることは、部下やその家族を含め、たくさんの人たちの幸せを確保することだといえます。

逆にいうと、メンタルヘルスケアを怠れば、多くの人たちにとって望ましくない状況をつくることにつながります。


メンタルが不調になると、最初は小さなことから変化が生まれます。

まず、その部下の仕事の生産性が落ちていきます。

遅刻が増えたり、ミスが増えたりといったことが散見され始めるのは予兆だと考えられます。

この初期段階で対処できればいいですが、それを怠ると、大きなトラブルや事故に発展してしまうこともあるでしょうし、最悪の場合、離職や自殺といった結果につながることも考えられます。

企業として対応が不十分だったということになれば、労災請求や民事訴訟など、企業全体に及ぶ問題になる可能性もあります。つまり、社員のメンタルヘルスをケアすることは、企業にとって最大のリスク管理ともいえるのです。

では、実際にはどうすればいいのでしょうか。**「26 部下を観察して質問する」**で紹介した通り、毎日自分から部下にあいさつをし、相手に意識を向けるようにします。

大事なのは観察です。「あれ、いつもよりちょっと声が暗いな、声が小さいな」などの気付きがあれば、時間を取ってその部下と1on1ミーティングを行い、「最近どう？」とヒアリングしてみましょう。

私の実感として、部下のメンタルの不調サインは、日々の観察から分かる「あれ？」という小さな違和感です。他人でも気付くことはできます（もちろんすべての不調に気付くことはできません）。

気付いたときに専門家による適切な支援を受けることが、管理職、そして会社には強く求められています。

また、部下が「自分の意識や努力の問題だ」と自責の念にかられて無理を続けてしまう場合もあります。

事態を深刻化させないためにも、ときに上司が適切に介入することが必要です。

以前にも増して強いストレス環境下にある中で、部下のこうした不調が自分の身近なところで起こり得ると考え、部下の観察を怠らないようにしましょう。

そして「私はあなたを気に掛けている」「あなたの不安や心配ごとを取り除くために必要な支援を惜しまない」というメッセージを伝える必要があります。

「有給休暇の取得が増える」「遅刻の回数が増える」といった現象が起きてきた

ら、これも何かしらケアが必要な兆候かもしれません。産業医に相談するなど、専門家の手を借りることも想定しましょう。

71 部下が違法行為をしたら

部下の違法行為は、部下の一生を左右するかもしれない重要な事象です。

まずは「本当に部下が違法行為をしたのか」という事実をしっかり把握します。悪い情報は、いい情報と比べて、事実と異なる枝葉が付いて伝えられることはよくあります。

どんな内容なのか、会社に被害があれば被害額はどれくらいなのか、社内や社外への影響はどれくらいなのかなどを確認しましょう。

これと並行して上司に相談と報告をします。

事実が分かり、確かに違法行為をしていることが確認できた場合は、部下に事実を突きつけます。

私にも何度か、上司として部下の不正を知った経験があります。

あるときは部下が長年にわたり不正を続けていたことが、私が上司のポストに着任したすぐあとに発覚しました。

そういう場合は証拠を集めて、不正行為をした部下に、分かっている事実を説明します。

「いつ、どこで、何を、いくら」というように具体的な事実を集めておけばおくほど、部下に与える影響は大きくなります。要は部下がその事実から逃げられなくなるのです。

そして、違法行為に対しては毅然とした対応を取ります。

関係部署とも連携して、処罰や賠償などを考える必要があります。

就労期間が長い社員であればあるほど、ほかの社員に与える影響が大きくなりがちなので、「一事が万事」と心得て、再発防止の効果も想定し、対応策を検討していきましょう。

損害額が大きい場合は刑事告発などの対応も必要になりますが、上司や関係部署と慎重に対応策を考えることが求められます。

注意してほしいのは事態を自分の中だけに収めようとしないことです。「こんなことが周囲にばれたら自分にも影響がある」と考えてしまうかもしれませんが、保身という内向きの態度になると、再発防止どころか、あなたも共犯者だと思われてしまう可能性があります。早急に上司と相談して関係部署と連携しましょう。

12シーン別・実践マニュアル

シーン 11

上司との関係に悩んだとき

希望を捨てず、やれることを淡々と

72 上司からパワハラを受けたら

パワハラを受けたあなたはショックでしょうが、まずは冷静に対処する努力をしましょう。

大事なのは事実を整理することです。

いつ、どこで、誰から、どのように、何をされた、何を言われたのかを思い出しながら正確に記録していきます。

時系列でかつ具体的に、さらにそれに対して、あなたがどう感じたかを詳しく記録します。

あとで人事部やホットラインに通報するときに、事実ベースで伝えられるように準備をすることが必要です。

必要であれば、あえてパワハラをしてきた上司との面談を設定し、面談の様子を録音しておくことも有効だと思います（相手に承諾を得ずに録音する際は留意が必要ですが、自分の身を守るために必死だったとして録音しておきます）。

また、自分が信頼できる人や、パワハラの状況を把握していそうな上司がほかにいれば相談し、介入してもらうことも一手です。

大事なことは一人で抱え込まないこと。ハラスメントは加害者になってもダメですが、被害者になったときに泣き寝入りすることもダメです。

傷付けられたことを感情面に訴えるだけでは解決できない場合もありますので、事実を整理することを忘れないようにしてください。

73 上司からプレッシャーを受けたら

上司によっては、自分の仕事をそのままあなたに振ってきたり、できるかどうかも分からない理不尽な要求をしてきたり、到底達成できないような目標を押し付けてきたりすることがあるかもしれません。

もしそうなったら、上司からのプレッシャーに嫌気がさしてくるでしょうし、現実問題、どこまで上司の無理難題にこたえるべきかは悩ましいところです。

上司からのプレッシャーがあまりにも常識からかけ離れていて、会社内で誰も助けてくれない、自分ではどうしようもない万策尽きたという状況であれば、退職などの別な道も考えたくなります。しかし、まずは冷静に状況を見極めましょう。

プレッシャーにもいろいろと種類があります。嫌がらせなどハラスメントに近いことであれば、**「72 上司からパワハラを受けたら」**を参考にしてください。

パワハラともいえず、通常業務内のことであれば、うまくかわす必要があります。私はプレッシャーを掛けてくる上司に対して、(口には出しませんが)「おまえ(上司のこと)も実はよく分かってないだろ?」という前提で対応していました。

実際、上司だからといって仕事に関するすべてのことを理解しているわけではありません。

例えば、私の場合は、上司から曖昧すぎる指示を出されたときに、こちらからやることを絞って(例えば3つ程度)、「これらをやりますが、何かほかにすべきことはありますか?」と確認するようにしていました。1つだと少なく、「ほかにはないのか?」と聞かれるリスクがあるので3つくらいがちょうどいいのです。曖昧な指示を具体的なタスクに落とし込むことで、プレッシャーを軽減できます。

また別のあるときは、部長からトップ層(社長や役員層など)にあるプロジェクトについて報告する資料を短時間で作るようにと、突然指示されたこともありました。

当時の私は課長でした。課長レベルにはあまり多くの情報を知らされておらず、報告資料を作成するには相当の時間が必要でした。にもかかわらず、「いつまでかかっているんだ！」とキレ気味に言われたのです。

そのとき私は「では、部長のように早くできるやり方を教えてもらえますか？」と返しました。必要な情報も支援もなく、資料を作成できるわけがないと上司に気付いてもらうためです。

実のところ、その上司は自分自身が上からのプレッシャーに耐えられず、私に仕事を丸投げしていたのです。

ここでお伝えしたいのは、反論しろとか、言い返せとか、そういうことではありません。

理不尽なプレッシャーをまともに受けるな、と言いたいのです。

プレッシャーを掛けられたら、真正面から受けるのではなく、横を向いてかわすくらいの心持ちで対処してほしいと思います。

確かにその上司からの評価は一瞬下がる可能性があるかもしれませんが、その一瞬で人生が決まるわけではありません。

無理なプレッシャーをまともに受け続けることで体調を崩し、一生をダメにするかもしれません。たまたまその上司から評価されないだけであって、会社全体から評価されないわけではありません。あなたが「意味がない」と思うプレッシャーに対しては、仕事に対する誠意は持ちつつも横にかわしていきましょう。

一つ言えるのは、要は**あなたがどう生きたいのかが重要**だということです。

そこまでつらい思いをしてまでやらなくてもいい仕事もあります。

つらいけれども踏ん張る必要がある仕事もあります。

自分の生き方と照らし合わせて、どうしても合わないのであれば次の選択肢を探すことも考慮しましょう。

管理職になれたあなたです。

可能性と選択肢は無限にあるだろうと思います。

74 上司から「部下にもっと厳しくしろ」と言われたら

部下に「厳しくする」のは強く言うことでも、強く当たることでも、放置することでもないことを理解しましょう。

つまり、**上司から「部下にもっと厳しくしろ」と言われたら、それは「あなたは課長として部下にやらせるべきことをやらせていない」と言われたのだと認識すればいい**のです。

そして、部下にやらせるべきこと（課の目標）をもう一度把握し、業務におけるやるべきこと（タスク）に置き換え、タスクを部下に実行させるための行動目標を改めて設定してはどうでしょうか。その行動目標の達成を目指すことで、上司から要求されている部下に対する必要な厳しさをクリアできるでしょう。

また、働き方改革前から働いている上司の中には「仕事が終わらなければ深夜まで残業して当たり前。翌日も朝早くに出社して仕事をすべきだ。休日出勤も大歓迎」という感覚がどこかにあると聞きます。

さらに役員クラスにもなればそれに拍車がかかっているようです。

定時でさっと帰宅する新人を見て「おい、あいつに残業させろ」といった間違ったプレッシャーが役員から現場管理職に降ってくるという現状も耳にします。

こういう役員や上司と部下に挟まれた管理職はたまったものではありません。世代間のギャップをすべて中間管理職が請け負うのは割に合わないでしょう。

前述の通り、「やるべきことはやっている」というファクトベースで伝える、新人が辞めた場合、すぐには次の人材が見つからないといった事実を伝えるなど、古い思考の役員から介入されないように策を講じてみましょう。

75 上司に理解力・人間力がなかったら

これはなかなか不幸なことですが、**「上司とマンションの隣人は選べない」**。これは私が若い頃から感じていることです。

上司に理解力や人間力がなくても、相手を変えることはできませんし、こちらを理解してもらうことも、残念ながら難しいと腹をくくる必要があります。

「相手は変えられない」ことを前提として、部下である自分ができること。それは**上司を観察し、相手の思いや願いを想像して自分に何ができるのかを考えて行動してみる**ことです。

その上司の（数少ないかもしれませんが）強みを探し、むしろ自分がその強みを生かせないかと見方を変えてみましょう。

こうした発想の転換が必要となります。

そうやって奮闘しているあなたを誰かが見ているかもしれません。

その結果、いつかあなたがその上司の上司になる日が来るかもしれません。

76 上司とそりが合わなかったら

「直属の上司や社長と意見が合わない」「直属の上司に嫌われていてチームから外されそう」「やりたいことがあるのに直属の上司に阻止されている気がする」という相談も聞きます。

私にも同じような経験がありました。半ば諦めの気持ちになっていたときもありました。そんなときにどうしていたのかというと、**「15 最高の投資『あいさつ』をする」**でもお伝えしましたが、あいさつを武器に対応していました。上司との関係が悪かったり、社内での立場がよくないと感じたりするときにも、あいさつは非常にパワフルなツールとなり得るのです。

あなたに質問です。

上司や社長に、自分からあいさつをしているでしょうか？

もし「No」であれば、ぜひ（嫌だとしても）なるべくにこやかにあいさつをしてみてください。

たとえ無視されてもこちらからあいさつをし続けるのです。

このあいさつを続けることで、必ず様子が変わってくると思います。

他人を変えることは難しくても、自分が変わることで相手にいい影響を与えることはできます。また、相手がどうあれ私はこうする、という能動的なアクションがあなたの自己肯定感を高めてくれます。

すべての問題を解決できるとは言いません。でも上司と部下である以前に人間同士。自分からあいさつをする、これは無料で、かつ簡単に、状況をいい方向に変え得る最高の投資なのです。

また、私があいさつに加えてやっていたことがありました。

私自身、かつて上司とそりが合わず、私からの意見や提案は基本的に却下されるという状況下でもプロジェクトを進める必要に迫られたことがあります。

仕事に対するスタンスや価値観がその上司と合っていなかったので、なかなか折り合いを付けることができませんでした。

そして、**「もうこれは自分のほうが会社を辞めるしかないか」と腹をくくったとき、少し気持ちが楽になったのです。**「まずはこの仕事をやり切り、次のことはそのあと考えよう」と気持ちを切り替えました。「この仕事を成功させることは、自分のキャリアにとって大事だし、転職を含めた次の選択肢を増やすことにつながるはずだ」と信じたのです。

もちろん、次の保証は何もありませんでした。**ただ割り切った**のです。

そしてそのあとは、その上司の言う通りにはせず、自分のやり方を通し、顧客の満足を第一に掲げてまい進することにしました。当然、直属の上司からの評価は最悪でしたが、お客様から高評価をいただくことができました。

実はこの話には続きがあります。

その上司の仕事のスタンスはお客様からも評判が悪かったようで、会社の上層部や人事部にクレームとして連絡が入っていたようでした。外資系企業だったこともあり、そのことがきっかけで上司は退職に追い込まれることになりました。

確かに上司からの評価は大事ですが、「ちゃんと仕事をしていれば、どこかで誰かは必ず見ているものだ」と実感した経験です。

そりの合わない上司がいたら、まずしばらくは我慢をしてみる必要はあると思いますが、どうしても無理だと思ったら、腹をくくり、自分がどう生きたいかを考え、割り切ってみるのも一つのやり方だと思います。

シーン

12 長い目で考える

つまるところ、
「自分はどう生きたいか」

77 どう生きたいかを要所、要所で考える

最近の若手社員の中には昇進や昇格を望まない人が増えていると聞きます。生き方が多様化していることはとてもいいことです。

その一方で、会社員にとって「課長、部長……」と昇進を目指していく価値はま

だまだ大いにあると私は感じます。

ステージが上がるごとに入ってくる情報の質もスピードも上がり、社内での権限も大きくなって、仕事を通して自分がやりたいことを実現できる可能性が広がるからです。

とにかく、仕事が楽しく、やりやすくなります。

しかし、この場合、**「仕事を通して何をやりたいのか」**ということがとても大切になります。

ここで私の仕事人生に転機を与えた二人を紹介したいと思います。

1人目は、新卒で入った日産自動車に勤務していた20代後半の頃、トレーニー（研修生）として1年間、英国の日産自動車の工場に派遣された先で出会ったマネジャー（課長）のアラン・カー氏です。

私は彼に「What are you doing for a living?」と質問されました。

シンプルに職業を聞く際に使うフレーズなので「日産で働いている」と答えたところ、「そうではなくて、5年後、10年後に何をやっていたいんだ？　そのために今は何をしようと思っているのか？」ともっと大きな視点からの回答を求められました。

現地の英国人同僚たちは「今はたまたま日産で働いているけれど、何かチャンスがあれば次のキャリアのために転身も考えるよ」と口々に言っていて、私はそういう考え方をしたことがなかったために問いに答えられず、そのようなことを考えたこともなかった自分にがくぜんとしてしまいました。

仕事を通して何を成し遂げたいかを考え始めたのはそのときからです。

2人目は、私が39歳で、当時働いていたローソンで本部長補佐と部長を兼務していたときの部下です。

その人が55歳の役職定年になり、彼はローソンに残ることを選択せず、役職定年を機に会社を去る決断をしました。

ローソンがまだそれほど大きな会社になっていなかった時代からいた功労者で

したが、部で送別会を開いたものの会社からは特に何もなく、とても寂しい退職を迎えたように私には見えました。

「まだバリバリ働けるのに役職定年という会社の制度でキャリアを左右されるのは嫌だ。これからは業界に関係なく、どこでも通用する人間にならないといけない」と考え直し、40歳で米マサチューセッツ工科大学（ＭＩＴ）の短期プログラムに参加したり、41～42歳で起業に挑戦したり、43歳で中小企業診断士の資格を取ったり……、と実践的な自己研さんに励むようになりました。

バリバリ仕事をすることだけが正解というわけでもありません。

すべては**「自分はどう生きたいか」**。

定期的にこの問いに立ち戻ることで、自分のキャリア展望はおのずと見えてくると思います。

78 「こうあってほしい上司の姿」から自分を振り返る

あなたが一メンバーだったときに出会った上司はどんな人だったでしょうか。

「この人のような上司になりたい」とロールモデルのような上司に出会えた経験があれば、ぜひその人のいいところをどんどんまねしていきましょう。

自分がいい上司になるための近道はロールモデルを参考にして模倣していくことです。模倣を決して恐れないでください。

その一方で、「この上司のようにはなりたくない」と思った経験がある人は多いのではないでしょうか。また、「上司のせいでひどい目に遭った」という人もいるかもしれません。

私もそのような経験をしたことのある一人です。

ここでは反面教師として生かした私自身の経験をご紹介します。

私が外資系コンサルティング企業に勤務していたときのこと、米国から一人の米国人が上司としてやってきました。

彼は、いわゆる「ボスタイプ」でした。ボスタイプというのは、壇上からあれをやれ、これをやれと指示し、場合によってはムチを振りかざして部下に「強制する」スタイルのマネジャーです。

ちなみに、ボスタイプの対極として「リーダータイプ」があります。これは、自分も部下と同じところに立ち、壇上から指示するのではなく、先頭に立って引っ張っていき、部下が「自然とやる」ように持っていくマネジメントスタイルのことをいいます。

このボスタイプの上司が壇上から出す指示は理想論ばかりで、本人も自分で指示した内容をこれまでやったことがなく、さらには知見も少ないということばかりでした。指示されたほうはたまったものではありません。

現実的に可能かどうかを無視した指示ばかりで部下は疲弊していきました。

何か意見を言おうとしても「あなたは意見を言える立場にいない」と高圧的に振る舞われるばかりでした。

当然、私も含め、プロジェクトメンバーの心の離反は激しく、対立することが多くなりました。人によってはボスタイプを歓迎するかもしれませんが、少なくとも私は受け入れることが難しかったのです。


この経験が「上司にはこうあってほしい」「上司たるもの、こうあるべきだ」という上司像を考えるきっかけになったことは間違いありません。

「自分はリーダータイプのマネジメントができる上司になろう、なるべきだ」と痛感し、実行することにつながりました。

まだ30代前半だった頃の出来事です。

そのあともなかなか自分が思うような上司にはなれず、失敗もたくさんしてきましたが、常に自分自身がどういう上司になっているかを意識し、振り返るようにしています。それなりの上司になれたなとようやく思えたのは、40代半ばを過ぎた頃です。

自分の理想の上司になれるまでに掛かる時間は人によって異なると思います。でも、諦めずに理想像を追いかけていけば、必ずや納得できるマネジメントスタイルを実践できるようになるはずです。

79 「猛獣」に会ったら、懐に飛び込め

課長にもなると、社内外で理不尽なことを言われる場合もあるでしょう。私にもそういう経験があります。

取締役会で、ある企画を説明したときに、一人の社外取締役から痛烈な言葉で批判されたことがありました。

企画の良しあしではなく、私自身に「その事業を実施する価値も資格もない」というような内容の発言をされました。私は「ただ批判的な意見を言われるだけならまだしも、そこまでこき下ろされる筋合いはない」と怒り心頭でした。

そこで、その社外取締役に正式にアポイントを入れ、後日真意を確かめに行きました。数多くの著作を持つ人だったので、事前にすべてに目を通し、さらに自分のことをしっかり知ってほしかったので、職務経歴書も携えてオフィスを訪ねたところ、何と満面の笑みで迎えられました。

拍子抜けした私が「あのときはなぜあんなに私のことを批判したのですか」と質問すると「君を試したんだよ。そうしたら君はちゃんと会いに来たね」と笑って、約束していた時間を超えて議論に花が咲きました。

当時の私からしてみれば次の取締役会で改めて企画を提出することになって大迷惑でしたが、今振り返ると、ある意味で貴重な人生経験を積めたともいえます。

これはやや上級者編かもしれませんが、「猛獣に会ったら、懐に飛び込め」というのが私からのアドバイスです。しかし、かなりの覚悟と準備が要るので心して挑戦してほしいです。とはいえ、挑戦するだけの価値は大いにあります。

80 どうしてもすべてが嫌になったら

ここまで読んできて、いかがだったでしょうか。

管理職の仕事は多岐にわたっていて、本当に忙しく、心も体も休まるときがないように感じてしまったかもしれません。

対処方法や考え方は本文で紹介しましたが、それでもすぐに対応するのが難しい場合もあるでしょう。

なかなかうまくいかないことが続いたり、プレッシャーに押しつぶされそうになったりと、「もうすべてが嫌だ」と放り出したくなることもあるかもしれません。

こんなときは、一人で思い詰めすぎないでください。

どうしてもすべてが嫌になったら、**遠慮なく会社を休んでしまいましょう。**

あなたが休んだらすぐに会社がつぶれてしまうくらい切羽詰まった状況でなければ、休んでしまって構わないのです。

事前に調整をして長い休みを取ることができればいいですが、そこまで待てない状況もあるはずです。

でも、どうしても「今日は会社に行けないな」と思う日は絶対にあります。無理を続けることがいいことではありません。

体調を崩してしまったら、一生の問題になってしまうかもしれません。だからこそ、突然ではあってもその日は会社を休みましょう。気分を変え、休息を取るのです。


あなた自身のメンタルをしっかりケアすることが、まずは何より大切です。

ただし、無断欠勤はやめましょう。必ず会社に連絡はしてください。**「築城三年、落城一日」**という言葉があります。築き上げるのには長い時間が掛かっても、その築いたものを失うのは一瞬です。連絡せずに欠勤してしまうと、信頼をあっという間に失ってしまうかもしれません。ここだけはすべてが嫌になっていたとしても、留意してください。

私も朝起きて「今日は（会社に行くのは）無理だな」と思ったことは何度もありますし、実際に突発的に休暇を取得したこともあります。会社に迷惑が掛かるからと思い、無理したこともありますが、冷静に振り返れば、それほどでもなかったと思うようになりました。

日頃から信頼を築くことができていれば、実現できることです。あなたの上司も部下も、あなたの不在時のサポートをちゃんとしてくれるはずです。それくらいあなたは普段から頑張ってきているのですから。

おわりに

会社や組織の一員として生きる道を選んだのならば、ぜひ管理職として上を目指してほしいと思います。

なぜなら本編にも書いた通り、手にする情報も権限も圧倒的に増え、やりたいことがやれるようになるからです。この楽しさはやってみなければ分かりません。だから、だまされたと思ってトライしてほしいのです。

あとがきとして、参考までに、私のキャリアをもう少しだけ紹介します。

私はこれまで起業した会社を含めて8社で働いてきましたが、もとから転職志向だったわけではありません。新卒で入社した日産自動車で情熱を持ってキャリアを積めたならば、その道を選んでいたでしょう。

私が日産を辞めたのは、カルロス・ゴーン氏がやってきて「日産リバイバルプラン」を発表したときに心底がっかりしたからです。あのプランが発表されたのは1999年10月のことでした。

ゴーン氏が来る前の96～98年、私はある大規模プロジェクトを担当するため、タイに赴任していました。赴任期間のちょうど半ば頃の97年、アジア通貨危機に見舞われました。

危機の影響によりタイにおける自動車の生産が止まって仕事がいきなり暇になったため、自主的に「日産再生計画」を考えてみようと思い立ちました。

「もっと若手を採用すべきだ」「人事制度を改善する必要がある」「この工場は閉鎖して、この車種の生産は止めたほうがいい」と、自分なりの考えをまとめ、当時の日産の本社経営企画室に送りました。しかし、返事は「ありがとうございました。経営企画室」と書かれた小さな紙切れ一枚のみ。「え？　これだけ？」と思ったのが第一の「がっかり」でした。

そのあと帰国して、ゴーン氏が発表した日産リバイバルプランを見ると、「BS（バランスシート）を軽くしましょう」「この資産を売りましょう」と、会計を知っている人なら考えつくような施策ばかり。

人事制度に関して私が期待していたような記述を見つけることはできませんでした。あのとき、人事制度まで踏み込んで「若手を登用する」といった方針が打ち出されていたら、きっと日産に残っていたと思います。日産が大好きでしたから。しかし、「このままこの会社にいたのではこれから先のキャリアは描けない」と感じました。

実はその3年ぐらい前から、ともに仕事をしたことのある外資系コンサルティング企業のパートナーに「うちの会社に来て、一緒に仕事しないか」と誘われていて、ずっと断っていました。でも、日産リバイバルプランが発表された日の夜に「あの話はまだ生きていますか？」とパートナーに電話をし、1週間後に会社に辞表を出しました。

「77 どう生きたいかを要所、要所で考える」で書いたように、私は43歳のときに中小企業診断士の資格を取りました。

コンサル時代に経営の知識を身に付けられた気がしましたが、その知識をもっと整理したほうが活用しやすいと考えたのがきっかけです。

経営学修士（ＭＢＡ）の取得も少し考えましたが、中小企業診断士を選び、仕事をしながら毎週土曜日に予備校のＴＡＣに通いました。

事業会社で働いていくには、中小企業診断士の勉強は圧倒的に有効です。勉強する範囲は広く、合格する、しないに関係なく、勉強を通じて知識のベースラインを底上げできると思います。

中小企業診断士になるための勉強の一環で、『中小企業白書』という刊行物を読みました。その白書の中に「２０２５年までに70歳を超える中小企業・小規模事業者の経営者は約２４５万人となり、そのうち約半数を占める１２７万の後継者が未定。第三者承継のニーズが今後一気に増大する可能性がある」という記述を見つけ、そこに自分の今後のキャリアを形成する可能性を感じました。

例えば自分が中小企業の事業を再生して売却し、別会社と合併したら、その事業を残すことができるし、後継者がいない事業に対しても同じようなアプローチを取れば、日本に何かしら貢献できるのではないかと考えたのです。そして、事業再生の仕事の道を歩もうと思い、今に至っています。

まえがきに書いた「人を大事にする」ことに加えて、自分が仕事に取り組むときに意識していることがあります。

それは、**「着眼大局、着手小局」**という言葉です。これは中国の思想家、荀子《じゅんし》の言葉だそうで、私は「物事を大局的に見るが、一歩目は小さく始める」と解釈しています。この言葉はローソン時代に上司から教えてもらいました。

「着眼大局」には、今現在だけではなく、未来のことも含まれています。

今起きていることだけを見るのではなく、「今」が発生している理由を考えながら、未来を見つめる。そして、自分が見つめた未来を想定しながら、「着手小局」、つまり、その未来に向かって最初の一歩を踏み出していく。

私はこれをあらゆる行動の基礎にしています。部下との関係構築でもそうですし、事業を考えるとき、事業を開始するときも、すべて同じです。

この言葉を教えてくれた上司には感謝をし尽くせないほど感謝しています。この言葉がなければ、きっと今の私はいなかったと思います。

本書を最後までお読みいただきありがとうございました。

この本を手に取ってくださったあなたは、これから課長になる、もしくは課長になって間がない、課長になってしばらくたった、キャリアを歩み始めてまだ間もない、などいろいろなタイミングにいると思います。

本書は課長に向けて書いた本でもありますが、もっと上の立場の人、また、これから課長になっていく人にも役立つ内容にしました。

例えていうなら**「型《かた》」**に近い内容です。

私は仕事でもよく「型」と「技」の話をします。いかに「型」が大事かという話です。柔道や剣道などでは「型」がないまま「技」を掛けても、高い効果は出せません。基本的な「型」の練習を繰り返し、それが高いレベルで身に付いたときに、高度な「技」を繰り出すことができるようになります。

私は、管理職の仕事もそれととても似ていると考えています。

仕事のベースとなる「型」とは、**人と人との信頼**であり、**信頼を築くために必要なことすべて**です。

仕事の内容は千差万別ですが、人と関わらない仕事はほとんどありません。どんな人間関係も信頼があってこそです。

「型」を身に付けることができれば、どこでも通用する人になれます。

それは別の部署への異動だけでなく、転職でも、独立でも同じです。「型」を身に付けることで人生の選択肢を増やすことができるのです。

本書を通じて、あなたが「型」を身に付け、少しでも選択肢の多い人生を手にできれば幸いです。

これから課長になる、
課長になった、
課長として働いている
あなたに

おすすめの本リスト

『戦略プロフェッショナル―シェア逆転の企業変革ドラマ』
『経営パワーの危機―会社再建の企業変革ドラマ』
『V字回復の経営―2年で会社を変えられますか』
『ザ・会社改造―340人からグローバル1万人企業へ』

三枝 匡（著）
日本経済新聞出版

実在する企業を舞台に、会社を改革する様子を描いた四部作。小説仕立てで読みやすく、とっつきやすい本です。ビジネス書をたくさん読んできたものの、どのビジネスフレームワークを学び、現場でどう使えばいいのか分からないという人にも参考になります。

『ロジカル・シンキング』

照屋華子、岡田恵子（著）
東洋経済新報社

ロジカル・シンキングの大定番。自分の考え方を整理したい人、自分の考えをなかなか相手にうまく伝えられないと思っている人におすすめ。ビジネスにおける「型」を身に付けるために読んでほしいです。

『企業参謀―戦略的思考とは何か』

大前研一（著）
プレジデント社

管理職にはリーダーだけでなく、参謀（人を支えて策略を立てる人）としての機能も必要です。本書は「自分の強さと弱さを知ること」の重要性を指摘し、「戦略に魂を吹き込むのは人であり、自らそれをすべきである」と説いています。マネジメントを遂行するうえでとても参考になります。

『IGPI流 ビジネスプランニングのリアル・ノウハウ』

冨山和彦、経営共創基盤（著）
PHP研究所

課長からもっと上（経営）を目指していく人向け。会社経営の本質がよく理解できます。

『挫折力――一流になれる50の思考・行動術』

冨山和彦（著）
PHP研究所

仕事でつまずいたときにぜひ読んでほしいです。私もどん底のときに読みました。「挫折している今こそが次につながる最大のチャンスだ」と理解できます。

『7つの習慣――成功には原則があった！』

スティーブン・R・コヴィー（著）
FCEパブリッシング

著名な自己啓発書の一つ。表面的なテクニックによって成功しようとする「個性主義」ではなく、誠意・謙虚・誠実・勇気・忍耐など人間の内面にある人格的な部分を磨く「人格主義」が大切であるという本質を説いているところがいい。「Ｗｉｎ‐Ｗｉｎを考える」「まず理解に徹し、そして理解される」という考え方は、個人的に今も大切にしていることの一つ。

『問題発見プロフェッショナル――「構想力と分析力」』

齋藤嘉則（著）
ダイヤモンド社

問題解決の手法があふれている中、問題解決よりも問題を発見することのほうが大事だと教えてくれる本。目の前の「問題」は「本当の問題なのか」という本質に気付かせてくれます。

『新版 考える技術・書く技術 問題解決力を伸ばすピラミッド原則』

バーバラ・ミント（著）
ダイヤモンド社

「相手にちゃんと伝えること」は、とても重要なのにおろそかにされることが多いと思います。本書は「どうすれば相手に伝わるような文章を書けるのか」を教えてくれます。

『ビジネスマンのための「発見力」養成講座 こうすれば、見えないものが見えてくる ビジネスマンのための力養成講座シリーズ』

小宮一慶（著）
ディスカヴァー・トゥエンティワン

人がいかに無意識に「思い込み」を持っているかを教えてくれる本。さまざまなことを〝発見する〟ことがビジネス成功のきっかけになります。

『社長の心得』

小宮一慶（著）
ディスカヴァー・トゥエンティワン

課長とはいえ、社長目線を持つのが早すぎることはありません。経営トップの目線を持ちつつ、中間管理職として振る舞えることはあなたの大きな武器になるでしょう。

『新人諸君、半年黙って仕事せよ』

山田ズーニー（著）
筑摩書房

タイトルに「新人」と入っていますが、新人以外の人にもおすすめです。いろいろなテーマが取り上げられています。例えば、コミュニケーションについては「主体と客観を混ぜ合わせてはならない」「聞くときは自分の視点でなく相手の視点で聞き、相手の関心事に焦点を当てる」など、職位に関係なく役立つ内容が満載です。

『アイデアをお金に変える「マネタイズ」ノート』

市原義文（著）
三笠書房

番外編として、私の著書作を紹介します。仕事の困難や行き詰まった状況をアイデアで乗り切りたいときにおすすめの一冊です。アイデアの創り方や実践方法を「これでもか！」と詰め込みました。これを読んで会社に貢献するためのアイデアを、どんどん生み出してくださいね。

本書の参考文献：『武器としての組織心理学』山浦一保著、ダイヤモンド社

著者プロフィル

市原義文 Yoshifumi Ichihara

1967年、熊本県生まれ。経営コンサルタント、シャイン＆コー代表取締役社長。日産自動車、外資系大手コンサルティングファーム、ローソンなどで多数の新事業企画の立ち上げに従事。ローソン時代にポイントカード「Ponta」を企画立案し、実施。アイデアを新商品、新事業につなげるコツをまとめた『アイデアをお金に変える「マネタイズ」ノート』（三笠書房）を出版。

X：@Yoshi_Ichihara

いつも結果を出す管理職が必ずやっている80のこと

2024年 3月4日　　第1版第1刷発行

著　者	市原義文
発行者	佐藤珠希
発　行	株式会社日経BP
発　売	株式会社日経BPマーケティング 〒105-8308 東京都港区虎ノ門4-3-12
装丁デザイン	小口翔平＋村上佑佳(tobufune)
本文デザイン・制作	藤原未央
編　集	小田舞子
印刷・製本	図書印刷株式会社

ISBN 978-4-296-20451-9　Printed in Japan